AF290780

Bibliografische Information der Deutschen Nationalbibliothek:

Die Deutsche Nationalbibliothek verzeichnet diese Publikation in der Deutschen Nationalbibliografie; detaillierte bibliografische Daten sind im Internet über http://dnb.d-nb.de abrufbar.

Impressum:

Copyright © 2016 Studylab

Ein Imprint der GRIN Verlag, Open Publishing GmbH

Druck und Bindung: Books on Demand GmbH, Norderstedt, Germany

Coverbild: ei8htz

Sina Muva und Christin Pallaske

Hochsensibilität als Persönlichkeitsmerkmal im Berufsfeld der Sozialen Arbeit

2015

Referat

Die vorliegende Arbeit beschäftigt sich mit dem Persönlichkeitsmerkmal der Hochsensibilität. Mit dieser Arbeit möchten wir zeigen, dass Menschen mit diesem Charakterzug durchaus wertvoll sind und in der Gesellschaft insbesondere in ihrem Job als Sozialarbeiter anerkannt werden sollten. Dazu werden wir zu Beginn den Begriff klären und den Verlauf der Entwicklung in den verschiedenen Altersgruppen dieser Menschen beleuchten. In unserem Hauptteil erläutern wir, wie ein hochsensibler Sozialarbeiter gesund und zufrieden arbeiten kann und was es zu beachten, gilt wenn man in der Arbeit auf hochsensible Klienten trifft.

Inhaltsverzeichnis

I Vorwort

Im Laufe des Lebens gehen wir alle durch "Höhen und Tiefen". Das Gefühl nicht "richtig" oder "anders" zu sein, bewegen wir oft in unseren Herzen. Aufgrund von Sinnfragen und Lebenskrisen sind wir bei Recherchen auf das Persönlichkeitsmerkmal der Hochsensibilität gestoßen. Die Ausführungen erschienen uns schlüssig und wir fanden uns darin wieder. Wir begannen uns durch Internet- und Literaturrecherche, aber auch durch Seminarbesuche, mit dem Thema intensiver zu beschäftigen. Durch einen hohen persönlichen Erkenntnisgewinn und ein gedankliches Befreiungsgefühl war es uns ein großes Anliegen, dieses Thema für uns und andere zu vertiefen. Somit war die Idee geboren, gemeinsam eine Bachelorarbeit darüber zu verfassen. Konkrete Vorstellungen reiften heran und fanden viele Befürworter. Leider gestaltete sich die Suche nach einem passenden Betreuer für die Bachelorarbeit als schwierig, auch, weil das Thema noch recht unbekannt und wenig erforscht ist.

Umso dankbarer sind wir, dass wir Frau Gisela Creutz und Frau Professor Barbara Wedler als Erst- und Zweitleserin unserer Abschlussarbeit gewinnen konnten. Wir möchten uns besonders herzlich bei unserer Hauptbetreuerin Frau Gisela Creutz bedanken, die während der gesamten Zeit positiv hinter uns stand und großes Interesse für unser zu bearbeitendes Thema zeigte.

Diese Bachelorarbeit soll nicht nur Menschen ansprechen, welche sich selbst als hochsensibel einschätzen, sondern auch all jene, die im persönlichen oder beruflichen Kontakt mit hochsensiblen Menschen stehen. Wir wünschen allen Lesern, neben einem Wissenszugewinn zu diesem sehr komplexen Persönlichkeitsmerkmal, viele Aha-Erlebnisse und lebensnahe Anwendungsmöglichkeiten.

II   Abkürzungsverzeichnis

HS ....Hochsensibilität
HSP ....Hochsensible Personen
HSM ....Hochsensible Menschen
SA ....Sozialarbeiter

1   Einleitung

Es ist Oktober, morgens um 7 Uhr.

Die junge Mutter Sarah wartet ungeduldig, müde und hungrig am kalten Bahnsteig. Auf dem linken Arm trägt sie ihre schwere Arbeitstasche, an der rechten Hand hält sie ihre kleine, fünfjährige Tochter Paula fest an ihrer kleinen, kalten Hand, die sich wieder mal mit Tränen in den Augen gegen den bevorstehenden Kindergartenbesuch sträubt.

Der kalte Wind trägt das laute Quietschen in den Bahnhof, als der Zug einfährt, um Sarah zu ihrem geplanten Vortrag zu bringen, den sie heute vor wissbegierigen Kollegen halten muss. Sie ist nervös und unter Zeitdruck, denn wieder einmal ist sie viel zu spät dran. Die Menschen drängen sich um Sarah und ihre Tochter. Sie riechen nach aufdringlichem Parfum, Zigarettenqualm oder kaltem Kaffee. Die Mutter greift Paulas Hand noch fester, um sie in den vollgestopften Zug zu ziehen. Das Mädchen weint, schreit und kreischt. Auch sie möchte das alles nicht. Sarahs Herz rast, ihre Augen sind weit. Sie fühlt sich ruhelos, wie von einem wilden Tier verfolgt. Augen zu und immer weiter durch diese Mauern der (Gefühls-) Kälte und Sinnlosigkeit. Sie fragt sich, wie sie das Tag für Tag durchsteht.

Diese einfache Alltagsbegebenheit, in der wir einen Einblick in die Gefühlswelt eines Menschen geben wollen, der nicht einfach nur ein "Sensibelchen", oder eine "Heulsuse" ist, haben wir bewusst gewählt, um in das Thema unserer Bachelorarbeit einzusteigen.

Wir möchten mit unseren Ausführungen einen Beitrag dazu leisten, dass Menschen mit dem Persönlichkeitsmerkmal der Hochsensibilität als wertvolle Menschen mit einem besonderen Charakterzug erkannt und vor allem anerkannt werden. Das Gesamtpaket eines solchen Menschen macht ihn zu einem unverzichtbaren Mitglied in unserer Gesellschaft, vor allem aber in Teams und Unternehmen. Besonders im Bereich der Sozialen Arbeit können die Menschen durch die Gabe der hohen Sensibilität und des Einfühlungsvermögens beruflich äußerst erfolgreich sein. Dennoch begegnen sie oft Schwierigkeiten im beruflichen Alltag.

Aus diesem Grund möchten wir mithilfe von Literaturrecherchen folgender Frage nachgehen: "Wie kann man im sozialarbeiterischen Berufsalltag mit Hochsensibilität umgehen?" Um diese Frage zu beantworten, möchten wir uns vor allem damit beschäftigen, was Hochsensibilität bedeutet und wie man zu diesem

Merkmal in der Persönlichkeit kommt. Deshalb werden wir auch die Vergangenheit und die Lebenswelt der Betroffenen näher betrachten, um letztendlich zu sehen, welche Strategien man anwenden kann, um glücklich und gesund als Sozialarbeiter zu agieren. Außerdem wollen wir herausfinden, wie es möglich ist, einen angenehmen und professionellen Umgang mit hochsensiblen Klienten zu haben.

Wir selbst sind durch persönliche Lebenskrisen gegangen und bei der Suche nach dem "Glücklichsein" auf dieses Thema gestoßen. Über Seminare und eigene Literaturrecherchen haben wir uns eine Meinung von uns und diesem besonderen Charakterzug gebildet und möchten diese in der folgenden Arbeit mit anderen teilen. Lernt man gut für sich zu sorgen, so ist es auch möglich, als hochsensibler Sozialarbeiter seinen Platz zu finden, der einem Sinn und Stimmigkeit schenkt.

2   Was ist Hochsensibilität

"Hochsensibel zu sein heißt, innere und äußere Reize stärker wahrzunehmen als Nicht-Hochsensible. Wer mit dieser Veranlagung geboren wird, reagiert stark auf Gerüche, Geräusche, Stimmungen, Befindlichkeiten anderer Menschen, unausgesprochene Erwartungen und macht sich sehr viele Gedanken (oftmals sorgenvolle) über das eigene Sein und den Umgang mit anderen.

Das Leben selbst fühlt sich für diese Menschen oft sehr anstrengend an, weil sie nahezu keinen Filter zwischen ihren Wahrnehmungen und der Umwelt (dem Innen und Außen) haben" (Schorr 2014 b, S. 14f.).

Dem gegenüber stehen Sprüche der Unwissenheit von Normalsensiblen, wie zum Beispiel: "Du Weichei", "Mimose", "Sei nicht immer so empfindlich" oder "Du bist ja kompliziert".

Was aber heißt hochsensibel? Das lateinische Wort von sensibel heißt "sensus" und bedeutet Gefühl, Empfindung. In der Umgangssprache bedeutet es für uns feinfühlig, empfindsam und reizempfindlich zu sein. Bei vielen Menschen löst das Wort "sensibel" einen negativen Beigeschmack aus. Man setzt es mit leicht reizbar und nervenschwach in Verbindung. "Sensitiv" dagegen, meint alle Sinne: Das Gehör, das Auge, den Tast-, Geschmacks- und den Geruchssinn. Genau diese sind bei HSM nervlich stärker ausgeformt. Sie sind also wacher, feiner und reagieren empfindsamer. Hochsensibel zu sein bedeutet also, dass der Mensch übersteigert, überempfindlich und überstimuliert reagiert (vgl. Ruthe 2015, S. 20 f.).

Forschungen zufolge sind 15 bis 20 Prozent aller Menschen hochsensibel, unabhängig vom kulturellen Hintergrund (vgl. Aron 2015, S. 10). Hochsensibilität ist keine Krankheit oder psychische Störung, sondern ein Persönlichkeitsmerkmal, welches genetisch veranlagt ist (vgl. Schorr 2014 a, S. 10). Dies soll an späterer Stelle genauer beleuchtet werden.

Doch passen hochsensible Menschen in unsere an Leistung und Stärke orientierte Gesellschaft? Sensibilität wird oft mit Schwäche gleichgesetzt. "Powerfrauen" und "Macher" sind gefragt, die alles im Griff haben und das Leben tatkräftig in die Hand nehmen.

Welche Gaben und Fähigkeiten haben hochsensible Menschen? Was Hochsensibilität kennzeichnet, welche Ausprägungen es gibt und wo ihre Wurzeln und Stärken liegen, soll im folgenden Kapitel geklärt werden.

2.1 Biologische Besonderheiten

Da Hochsensible häufig zurückgezogen leben, dachten einige Persönlichkeitspsychologen, dass die Hochsensibilität eine Form von sozialer Angst ist. Doch neuere Studien bestärken Elaine Arons bereits 1997 entworfenes Konzept, welches annimmt, dass Hochsensibilität eine Persönlichkeitseigenschaft ist, die vererbt wird. Aufgrund einer Vielzahl von Studien, unter anderen mit eineiigen Zwillingen, ist man sich sicher, dass hochsensible Personen (HSP) bereits mit einem stärker an- und erregbaren Nervensystem geboren werden. Studien an Säuglingen zeigten, dass es unter den Neugeborenen eine Gruppe gibt (auch hier die genannten 15 bis 20 Prozent), die stärker auf Reize reagiert, schwerer zu beruhigen ist und insgesamt weniger "belastbar" zu sein scheint (vgl. Schorr 2014 a, S. 11). In zwei von drei Fällen ist die Hochsensibilität (HS) schon bei der Geburt vorhanden. Oft findet sich das Persönlichkeitsmerkmal bei einem Elternteil oder in den Generationen davor. Bei dem anderen Drittel wird die HS durch schwere Kindheitserlebnisse, seelische Verletzungen oder Traumata erworben (vgl. Ruthe 2015, S. 47). In unseren Ausführungen gehen wir grundlegend von der angeborenen HS aus. Es gibt also bestehende neurologisch-biologische Besonderheiten bei den hochsensiblen Menschen (HSM), die genetisch bedingt sind.

Von Hochsensibilität betroffene Menschen werden mit einem Nervensystem geboren, welches innere und äußere Reize sehr verstärkt wahrnimmt. Die Funktionsweise der neuronalen Netzwerke sind dabei sowohl genetisch bedingt, als auch von Erfahrungen mit der Umwelt geprägt, meint die Psychotherapeutin Andrea Brackmann (vgl. Schorr 2014 a, S. 27). Die Grundanlage zur Empathie zum Beispiel ist genetisch vorhanden, kann aufgrund von stetem Benutzen noch verfeinert und erregbarer werden (vgl. Schorr 2014 a, S. 27). Die Sensibilität ist ein Wesenszug und zählt damit zu den veränderlichen Persönlichkeitsmerkmalen eines Menschen. "Im Laufe des Lebens kann man sensibler werden, oder eben auch nicht, aber die Disposition dazu ist angelegt. Hochsensibilität lässt sich grundsätzlich jedoch nicht abtrainieren oder `wegtherapieren`" (Schorr 2014 a, S. 10 f.). Bindungserfahrungen und der Einfluss und die Reaktion der Umwelt eines HSP auf die Eigenschaft der HS können Muster herausgebildet haben, die verstärkend oder auch abwehrend sein können. Wie stark letztendlich Umwelt oder Veranlagung eine Rolle gespielt hat, kann man im Erwachsenenalter oft nur noch schwer sagen.

Erstaunlich ist, dass man durch Parallelstudien auch im *Tierreich* zu gleichen Forschungsergebnissen wie bei den Forschungen mit Menschen gekommen ist.

Es scheinen unter den höheren Säugetieren, vor allem bei Katzen, Hunden, Pferden und Nagetieren auch hochsensible Individuen vorzukommen, sogar zum gleichen Prozentsatz, also 15 bis 20 Prozent (vgl. Schorr 2014 a, S. 11). Es handelt sich dabei um Tiere, die vorsichtiger und langsamer sind, Gefahren eher bemerken oder Wasserstellen leichter aufspüren. Diese Eigenschaften sind für die ganze Spezies nützlich und von großer Bedeutung.

Auch bei Menschen werden diese hohe Wahrnehmungsfähigkeit und die feinsinnigen, einfühlsamen Eigenschaften der Hochsensibiliät sehr geschätzt. Damit geht aber meist auch eine erhöhte Möglichkeit zur Reizüberflutung, schnellere Erschöpfung und geringere Belastbarkeit einher. Wissenschaftliche Untersuchungen haben gezeigt, dass sich dies auch auf neurologischer Ebene nachweisen lässt. Der Gehirnstoffwechsel von HSP scheint anders zu funktionieren als bei Normalsensiblen. Es wird vermutet, dass ein durchlässigerer Wahrnehmungsfilter des Nervensystems dahinter steckt. Bei der Wahrnehmungsverarbeitung von Hochsensiblen werden erheblich mehr Informationen aufgenommen und das sensitivere und empfindlichere Nervensystem hat eine höhere Hirnaktivität und ist demzufolge wesentlich schneller erschöpft als bei "normal" sensiblen Menschen (vgl. Nasitta und Westpfahl, S. 35 f.).

Die Zeitung "Psychologie Heute" schreibt in ihrer Ausgabe vom September 2015: "Die neuere Hirnforschung liefert weitere Erkenntnisse, die das Konzept "Hochsensibilität" bestätigen. So kann sie mittels bildgebender Verfahren zeigen, dass es deutliche Unterschiede zwischen den Gehirnen von Hochsensiblen und allen anderen Menschen gibt. Die Regionen des Neokortex, die mit Aufmerksamkeit und der Verarbeitung von Sinnesdaten gekoppelt sind, reagieren bei Hochsensiblen hochaktiv auf jede Art von Stimulierung. Auch die Regionen, die auf Belohnungen oder aber auf Angstauslöser spezialisiert sind, sprechen bei Hochsensiblen intensiver an als bei anderen Menschen" (Reinhardt und Wolf 2015, S. 21).

Chinesische Forscher lieferten 2011 weitere Erkenntnisse zur genetischen Ursache der Hochsensibilität. Sie analysierten das Erbgut von 480 Studenten und konnten zehn Gen-Orte auf sieben Genen des Dopamin-Systems nachweisen, die mit Hochsensibilität in Verbindung stehen. Des Weiteren fanden dänische Wissenschaftler im selben Jahr heraus, dass ein höheres Sensibilitätslevel zumindest zum Teil auf das Serotonin-Transporter-Gen 5-HTTLPR zurückzuführen ist (vgl. Thivissen 2015).

Das Gehirn von hochsensiblen Menschen funktioniert also anders. HSP haben mehr biochemische Botenstoffe, die so genannten Neurotransmitter. Diese übertragen die Erregung einer Nervenzelle auf die andere an chemische Synapsen (Rezeptoren). Hochsensible sind damit ständig zur Reizaufnahme bereit und warten tendenziell ständig auf einen geistigen Einsatz. Dadurch wird das Stresshormon Adrenalin ausgeschüttet und ist als Noradrenalin im Blut in ungleich höheren Mengen als bei Normalsensiblen vorhanden. Da dieser Zustand der ständigen Aufnahmebereitschaft nur selten abebbt, kann er von den Betroffenen als Dauerstress empfunden werden, was wiederum zur Ausschüttung des Stresshormons Cortisol führen kann. Durch diesen inneren Stress ist dauerhaft mehr Cortisol im Blut, was für die Gesundheit der Betroffenen schädlich sein kann. Erhöhte Infektionsanfälligkeit, Essstörungen, Vergesslichkeit, Bluthochdruck, Knochen- und Knorpelabbau sind einige körperliche Störungen, an denen man durch einen dauerhaft erhöhten Cortisolwert erkranken kann. Der Kreislauf wird also stark belastet und das Immunsystem kann geschwächt werden. Ein wichtiger Faktor zum Cortisolabbau ist ausreichender Schlaf. Eine langanhaltende Übererregung und damit ein erhöhter Cortisolwert im Blut sollte also von hochsensiblen Menschen möglichst vermieden werden, beziehungsweise diesem mit später genannten Methoden und Möglichkeiten entgegengewirkt werden.

An dieser Stelle soll der Neurotransmitter Serotonin nochmal besonders erwähnt werden. Er wirkt an sehr vielen Stellen im Gehirn und besitzt im menschlichen Organismus vielfältige Wirkungen auf das Herz-Kreislauf-System, den Magen-Darm-Trakt und das Nervensystem. Insbesondere ist Serotonin für seine Wirkung auf das Zentralnervensystem bekannt, wo es die Stimmungslage beeinflusst. Ein erhöhter Serotoninspiegel im Gehirn kann zu Unruhe und Halluzinationen führen und ein Mangel an Serotonin kann depressive Verstimmungen, Angst und impulsive Aggressionen bewirken. Durch Stress und anhaltende Übererregung werden vermehrt Neurotransmitter gebildet, jedoch scheint gerade der Zustand der Übererregung einen Rückgang von Serotonin zu bewirken. Dieser geringe Serotoninwert kann dann zur Entstehung von Depressionen beitragen. Eine Ursache von Depression kann also eine lang andauernde nervliche Übererregung sein, welche bei Hochsensiblen oft der Fall ist (vgl. Schorr 2014 a, S. 29). Anhaltender Stress und dauerhafte Überstimulation sind damit ein zu vermeidender Faktor für HSM. Schnell und oftmals unüberlegt werden von Ärzten bei körperlichen Symptomen einer Depression Beruhigungsmittel und Antidepressiva verschrieben. Für eine nötige Stabilität um den Alltag zu meistern, sind sie sicherlich hilfreich. Dennoch sollte bedacht werden, dass die Veranlagung der Hochsensibilität bei der Diagnose meist nicht bekannt war oder bedacht wurde. Neben einer Krisenintervention scheint es uns deshalb wichtig, langfristige Bewältigungsstrategien wie Beratung oder Therapie anzugehen, anstelle von medikamentöser Dauerruhigstellung. Auch wenn sicherlich nicht immer ohne Arzneimittel Hilfe möglich ist, kann das Wissen um Hochsensibilität und ein Lernen im Umgang mit diesem besonderen Persönlichkeitsmerkmal besonders psychosomatische Erkrankungen lindern oder gar heilen. Psychotherapeut Reinhold Ruthe hat den Eindruck, dass viele Menschen mit großen Ängsten, viele Depressive, viele Borderline-Gestörte und Burnout-Gefährdete zusätzlich mit Hochsensibilität befähigt sind (vgl. Ruthe 2015, S. 10). Unter diesem Gesichtspunkt wiegt die Erkenntnis um eine mögliche Hochsensibilität und eine eventuell mögliche medikamentenfreie Behandlung körperlicher Symptome schwer und von großer Bedeutung.

2.2 Unterschiede zu Normalsensiblen – vier Kriterien

"Normalsensible könnten von Hochsensiblen lernen, innezuhalten, mehr zu reflektieren, nachzudenken bevor man handelt, und sich manchmal etwas zurückzunehmen" (Schorr 2014 b, S. 169 f.).

Die Veranlagung bei Hochsensiblen zeigt sich unter den HSP in unterschiedlicher Weise. Neben den individuellen Unterschieden gibt es jedoch eindeutige Merkmale, die eine hochsensible Person kennzeichnen. Brigitte Schorr nennt *vier Kriterien*, die eine HSP ausmachen:

Erstes Kriterium ist die *schmale Komfortzone* der Betroffenen. Mit Komfortzone ist der Bereich gemeint, in dem sich eine Person wohl und mit sich im Reinen fühlt. Bei HSP ist dieser Bereich der Komfortzone sehr schmal und deutlich kleiner als bei normalsensiblen Menschen. Außerhalb dieser Komfortzone gibt es die Langeweile, also ein Zuwenig an Reizen oder die Überstimulation, ein Zuviel an Reizen. Es bedarf einer hohen Aufmerksamkeit für das eigene Befinden, um eine stimmige Balance zwischen diesem Zuwenig und Zuviel zu finden. Dieser Wohlfühlbereich muss ständig neu austachiert werden und ist unter anderem von Lichtverhältnissen, Temperaturen, Stimmungen und Gedanken abhängig (vgl. Schorr 2014 b, S. 24 f.).

Das *zweite Kriterium* ist die *Neigung zur Überstimulation*. Unter Überstimulation versteht man einen Zustand, in dem einem alles zu viel wird, man nervös wird und einem die einfachsten Aufgaben des Alltags schwerfallen. HSP sind einer schnelleren Reizüberflutung ausgesetzt. Jede Tätigkeit oder Gespräch kann für HSP überstimulierend sein, d.h. sie aus der Ruhe bringen und schwächen.

Brigitte Schorr beschreibt dieses Gefühl der Überstimulation vergleichend wie ein Gewitter im Kopf und eine Konfusion im Herzen. Folgen starker Überstimulation können Gereiztheit in verschiedenen Reaktionen und unklares Denken sein. Mit diesen ungehaltenen und unerklärlichen Reaktionen werden HSP oft zum Rätsel für sich selbst und ihre Umwelt (vgl. Schorr 2014 b, S. 25).

Das *dritte Kriterium* hochsensibler Menschen wird gekennzeichnet durch *langes Nachhallen*. Alles was die HSP erlebt, wirkt lange in ihr nach. Man kann sich den Organismus der hochsensiblen Person wie einen Speicher vorstellen, der alles Gesehene, Gehörte und Erlebte sammelt und dieses mitunter wochenlang im Kopf verbleibt bis es verarbeitet ist. Daher kann es vorkommen, dass man sich lange über ein unbedachtes Wort der Nachbarin oder ein plötzlich abgebrochenes Telefonat Gedanken macht und Gründe dafür erforschen möchte. Dabei geht viel Energie verloren, weil sich die innere Gedanken- und Gefühlswelt lange mit einem Thema oder auch Sorgen auseinandersetzt (vgl. Schorr 2014 b, S. 25).

Das *vierte Kriterium* betrifft die *stark ausgeprägte individuelle Wahrnehmungsfähigkeit*. Hierbei gibt es große individuelle Unterschiede unter den HSP und die Stärke der Empfindungen kann variieren. Jeder Hochsensible kann etwas anderes besonders stark wahrnehmen. Es geht dabei um die Bereiche Geruch, Berührungen, Farben und Gestaltung, Geräusche und Stimmungen (vgl. Schorr 2014 b, S. 26).

2.3 Verschiedene Ausprägungen der Hochsensibilität

Neben den oben genannten Kriterien, die einen HSM von einer normalsensiblen Person unterscheidet, gibt es auch innerhalb der Hochsensibilität Unterschiede und verschiedene Ausprägungen des Persönlichkeitsmerkmals.

Zuerst sei hier die Unterscheidung in *extravertierte und introvertierte* Hochsensible zu nennen. Bei ihren Studien fand Elaine N. Aron eine Verteilung von 70 Prozent introvertierten und 30 Prozent extravertierten Hochsensiblen heraus (vgl. Aron 2015, S. 159).

Die meisten HSP sind also introvertiert. Dennoch soll betont werden, dass Hochsensibilität nicht immer mit Introvertiertheit oder Schüchternheit gleichgesetzt werden darf. Zumal Brigitte Schorr die Schüchternheit als sozial erworbene und nicht als angeborene Eigenschaft definiert (vgl. Schorr 2014 b, S. 28).

Die 30 Prozent der *extravertierten* hochsensiblen Menschen zeichnen sich dadurch aus, dass sie es scheinbar leichter haben, soziale Kontakte herzustellen und zu erhalten. Auf den ersten Blick sind sie oftmals nicht als hochsensibel erkennbar. Sie sind gern in Gesellschaft von anderen Menschen und haben wenig Mühe mit dem Führen von "Smalltalk". Selbst völlig fremde können sich durch ihre Art einander verbunden fühlen. Dennoch vermeiden auch die extravertierten HSM bei Überstimulation den Kontakt zu Mitmenschen. Sie müssen bewusst einen disziplinierten Lebensstil lernen, weil sie oft dazu neigen, ihren Körper zu missachten und sich selbst über zu stimulieren.

Die 70 Prozent der *introvertierten* HSM sind deutlich in der Mehrheit. Sie gelten als ernsthafter, zielgerichteter und vorsichtiger. Sie sind bei Gesprächen eher die Zuhörer und scheinen intensiv auf andere einzugehen (vgl. Aron 2015, S. 160). Veränderungen vermeiden sie gern und sie kapseln sich gern ab, um im Rückzug oder in Traumwelten zu leben. Laut Carl Gustav Jung, dem Schweizer Psychiater und Begründer der analytischen Psychologie, bedeutet Introvertiertheit sich eher nach innen wendend und den Fokus auf das Subjekt, das Selbst, richtend, anstatt auf das außenliegende Objekt. Sie entsteht aus einem Bedürfnis das Innere zu schützen, mehr zu schätzen und es nicht von der "äußeren Welt" überwältigen zu lassen (vgl. Aron 2015, S. 161). Introvertiertheit könnte damit als Selbstschutz gesehen werden, auch um Überstimulation zu entgehen (vgl. Aron 2015, S. 72). Dabei bedauerte Jung, dass sich die Introvertierten oft selbst unterschätzen und "[...] der Welt damit einen wahrhaft schlechten Dienst erweisen" (Aron 2015, S. 162). Sie sollten "[...] stolz auf ihr Schweigen" (Aron 2015, S. 163) sein und können durch ihre häufige Selbstreflexion "[...] ihre Reife auf viel würdevollere Weise erlangen" (Aron 2012, S. 163) als manch Extravertierter.

Jedoch sind *beide Ausprägungen* gleich wichtig und wertvoll. Jede wird benötigt und kann von der anderen lernen. So kann der Extravertierte vielleicht von einer größeren Innerlichkeit und Zurückhaltung lernen und der Introvertierte von der Offenheit und Unkompliziertheit (vgl. Schorr 2014 b, S. 28f.).

Des Weiteren teilt man hochsensible Menschen in die folgenden vier Typen ein:

die *empathischen* Hochsensiblen

die *kognitiven* Hochsensiblen

die *sensorischen* Hochsensiblen

die *spirituellen* Hochsensiblen (vgl. Schorr 2014 a, S. 20).

Die *empathischen* HSP gelten als Beziehungsmenschen und Lastenträger. Das heißt, sie übernehmen schnell Verantwortung für andere und sind vom Leid und

Schmerz der Menschen in der Welt berührt. Sie besitzen ein sehr hohes Einfühlungsvermögen für sich und andere. Stimmungen und Gefühle ihres Gegenübers nehmen sie wahr und Erspüren beim Betreten eines Raumes die atmosphärische Stimmung, worauf oftmals ein Streben nach Harmonie resultiert. Sie gelten als sehr werteorientiert, wertschätzend, einfühlend und warmherzig. Empathische Hochsensible haben viele Stärken. Sie können ihre Mitmenschen gut ermutigen, ihnen Nähe schenken und wissen was der andere braucht. Oftmals findet ihre Kommunikation ohne viel Sprache statt und sie können Anteil nehmen und eine Atmosphäre zum Wohlfühlen schaffen (vgl. Lüling und Lüling 2015, S. 4).

Diese hohe und wichtige Begabung bürgt jedoch auch Gefahren. Grenzverletzungen und zu wenig Distanz zwischen sich und anderen, können die Folge sein. Des Weiteren sollte die innere Wirklichkeit, welche aufgrund der großen Vorstellungskraft und Emotionalität dieser Personengruppe entsteht, nicht als äußere Realität betrachtet werden (vgl. Schorr 2014 a, S. 21).

Die *kognitiven* HSP gelten als Denkertypen und Grübler. In spezifische Themen kann sich diese Gruppe von Hochsensiblen vertiefen und es analytisch und intellektuell durchdenken (vgl. Schorr 2014 a, S. 21). Sie haben eine komplexe Weltsicht und können vieldimensional verknüpfen. Forschen und Ergründen macht sie mit ihrem guten technischen Verständnis zu Tüftlern und das für sie typische Streben nach Vollkommenheit zu Perfektionisten. Auf andere wirken sie unzugänglich und verschlossen, da sie ihre Emotionen mehr nach innen als nach außen richten (vgl. Lüling und Lüling 2015, S. 4). Die Ablehnung und Verunsicherung durch "äußerlich zur Schau getragene Emotionalität" (Schorr 2014 a, S. 22) anderer, kann zu kommunikativen Missverständnissen führen.

Nun zu der besonderen Wahrnehmungsfähigkeit der *sensorischen* HSP. Diese "[...] sind besonders empfänglich für Reize, die sie über die Sinne wahrnehmen" (Schorr 2014 a, S. 22). So können HSM, die Geräusche stark empfinden können, feinste Dinge in ihrer Umgebung hören: Das ticken der Uhr, Gesprächsfetzen anderer Mitmenschen, Motorengeräusche, Summen von elektrischen Geräten oder der Fliege im Zimmer. Das Fatale dabei ist, dass man die meisten Geräusche nicht abstellen kann und damit das Nervensystem schnell überreizt wird. Die Betroffenen werden nach kurzer Zeit nervös und ihre Konzentration lässt nach. So ähnlich verhält es sich auch mit der Empfindlichkeit für Gerüche. Aufdringliches Parfüm anderer, Farbgerüche, Motorenabgase und vieles mehr können bei dieser besonderen Ausprägung Kopfschmerzen und körperliches Unwohlsein verursachen. Die Gruppe der sensorischen HSP muss des Öfteren mit plötzlicher Überreizung der Nerven rechnen. Weiß man als Betroffener nicht, dass die Hochsensibilität die Quelle dieser Erscheinung ist, sucht man möglicherweise eine medikamentöse Lösung des Problems. Doch oftmals würde schon eine Änderung der Räumlichkeit Entspannung und Linderung bringen (vgl. Schorr 2014 a, S. 23). Neben den Sinneseindrücken des Hörens und Riechens, kann auch der Geschmackssinn stark empfindsam sein. Gewürze oder chemische Zusatzstoffe in Lebensmitteln werden von dieser Gruppe Hochsensibler mit Leichtigkeit herausgeschmeckt. Auf bestimmte Inhaltsstoffe kann durch die hohe Wahrnehmung eine allergische Reaktion vorkommen.

Auch der Tastsinn kann bei sensorischen Hochsensiblen besonders ausgeprägt sein. Kratzende Wollpullover auf der Haut, Etiketten in Kleidern oder grobe Berührungen werden als störend empfunden. Andererseits können sanfte Berührungen oder Massagen für diese Personengruppe sehr wohltuend sein.

Zu letzt ist noch die besondere Wahrnehmungsfähigkeit durch die Augen zu erwähnen. Diese Ausprägung der Hochsensibilität ermöglicht eine detaillierte Sichtweise, die zum Beispiel in der Natur "ein wahres Glücksgefühl vermitteln" (Schorr 2014 a, S. 23) kann. Mit diesem natürlichen Gespür für Farben und Formen, sind sie oft begabt, (Wohn-) Räume stil- und stimmungsvoll einzurichten.

Unter der Gruppe der sensorischen HSP gibt es also viele, die gut Düfte und Geschmacksrichtungen differenzieren können und die Gabe haben, Kunst bzw. Musik zu gestalten und auch intensiv zu genießen (vgl. Lüling und Lüling 2015, S. 4).

Nun zur letzten Ausprägungsform der HS, der *spirituellen* Hochsensiblen. Diese Personengruppe fühlt sich zur geistlichen Ebene des Seins hingezogen und besitzt eine starke Intuition. Natürliche Vorgänge werden oft geistlich gedeutet und es gibt eine große Sehnsucht nach geistlichem Austausch und Gottesbeziehung. Es ist ein sehr tiefgründiger Typus, der "Kontakt zu den Tiefen des eigenen inneren Selbst [findet]" (Schorr 2014 a, S. 23). Oft suchen sie eine geistliche Heimat und engagieren sich in religiösen Gemeinschaften. Dort spricht sie besonders die Wahrhaftigkeit und Tiefe an.

An dieser Stelle soll betont werden, dass die Beschreibung der verschiedenen Ausprägungen nur in Verbindung mit den vorher genannten vier Kriterien auf Hochsensibilität hinweisen. Denn sicherlich treffen viele Eigenschaften auch auf normalsensible Menschen zu, was sie deshalb nicht zu Hochsensiblen macht.

Bei der Typenbeschreibung soll es nicht um Etikettierung gehen, sondern vielmehr um Erklärungshilfen für Betroffene und Nichtbetroffene. Durch das Wissen der verschiedenen Ausprägungsformen kann Entlastung und Beruhigung entstehen. Viele Verhaltensweisen werden verständlicher und erklärbarer. Der Wesenszug der Hochsensibilität ist sehr komplex und daher werden diese Typen auch kaum in Reinform auftreten, sondern meist in Mischformen (vgl. Schorr 2014 a, S. 25 f.).

Das folgende Zitat fasst die Gabe und Fähigkeit der Hochsensibilität gut zusammen:

"Hochsensible Menschen haben viele Stärken. Sie sehen vieles genauer, sie erleben vieles gründlicher, fühlen vieles tiefer und verstehen vieles sorgfältiger. Im Allgemeinen sind sie hellhöriger, tiefgründiger und hellsichtiger" (Ruthe 2015, S. 35).

2.4 Fragebögen zur Selbsteinschätzung von Betroffenen

Zur Feststellung der Hochsensibilität hat die amerikanische Psychologin Elaine Aron einen Fragebogen zur Selbsteinschätzung formuliert. Dieser findet sich, wenn vielleicht auch in abgeänderten Formen in fast jedem Buch oder Artikel zum Thema Hochsensibilität. Der folgende Fragebogen wurde nach dem amerikanischem Original von Aron durch Dr. Samuel Pfeifer in Deutsch formuliert.

Bei der Auswertung wird gezählt, wie viele Antworten mit "Ja" beantwortet wurden. Wenn zwölf oder mehr Fragen mit "Ja" beantwortet wurden, hat man wahrscheinlich eine sensible Grundstruktur.

Der Fragebogen soll kein exaktes Messinstrument darstellen, sondern eine Hilfestellung sein, typische Erfahrungen, die zur HS gehören, zu beschreiben (vgl. Schorr 2014 a, S. 20). Gespräche mit Fachleuten, Beratern oder Therapeuten können bei der Klärung, ob eine Hochsensibiliät vorliegt, hilfreich sein.

	ja	nein
Ich nehme feine Veränderungen in meiner Umgebung wahr.	ja	nein
Die Stimmungen anderer Menschen beeinflussen mich.	ja	nein
Ich reagiere eher empfindlich auf körperlichen Schmerz.	ja	nein
Ich habe an geschäftigen Tagen das Bedürfnis, mich zurückzuziehen.	ja	nein
Auf Koffein reagiere ich heftiger als viele andere Menschen.	ja	nein
Ich fühle mich schnell überwältigt von grellen Lichtern, starken Gerüchen, rauen Textilien auf meiner Haut oder Sirenen (Polizei, Krankenwagen) in meiner Nähe.	ja	nein
Laute Geräusche bereiten mir Unbehagen.	ja	nein
Kunstvolle Musik bewegt mich tief.	ja	nein
Manchmal liegen meine Nerven derart blank, dass ich nur noch alleine sein möchte.	ja	nein
Ich bin ein gewissenhafter Mensch.	ja	nein
Ich bin schreckhaft.	ja	nein
Es bringt mich leicht aus der Fassung, wenn ich in kurzer Zeit viel erledigen muss.	ja	nein
Wenn andere Menschen sich in einer Umgebung unwohl fühlen, weiß ich eher als manch andere, was notwendig ist, um Wohlbefinden herzustellen.	ja	nein

Ich werde ärgerlich, wenn man von mir erwartet, zu viele Dinge gleichzeitig zu tun.	ja	nein
Ich gebe mir große Mühe, Fehler zu vermeiden oder nichts zu vergessen.	ja	nein
Fernsehsendungen und Spielfilme mit Gewaltszenen meide ich.	ja	nein
Ich fühle mich unangenehm erregt, wenn sich um mich herum viel abspielt.	ja	nein
Hungergefühle stören nachhaltig meine Konzentration und beeinträchtigen meine Stimmung.	ja	nein
Veränderungen in meinem Leben treffen mich sehr heftig.	ja	nein
Ich bemerke und genieße feine Düfte, Geschmäcke, Klänge oder Kunstwerke.	ja	nein
Ich empfinde es als unangenehm, wenn ich mich mit mehreren Dingen gleichzeitig beschäftigen muss.	ja	nein
Für mich ist es sehr wichtig, mein Leben so zu organisieren, dass ich Situationen vermeide, in denen ich mich ärgern muss oder die mich überwältigen.	ja	nein
Laute Geräusche, chaotische Szenen oder ähnlich starke Reize stören mich.	ja	nein
Wenn ich mit anderen Menschen konkurrieren muss oder beobachtet werde, während ich eine Aufgabe erfülle, macht mich das so nervös und unsicher, dass ich weitaus schlechter abschneide, als ich eigentlich könnte.	ja	nein
Als Kind haben meine Eltern und Lehrer mich als sensibel und schüchtern eingestuft.[1]	ja	nein

---

[1] Aus: Schorr 2014 a, S. 18 f.

3 Hochsensibilität in der Vergangenheit und Heute

3.1 Bedeutung in der Geschichte

Hochsensible Menschen spielten bereits früher in traditionellen Kulturen eine besondere und wichtige Rolle. In einer Gemeinschaft musste es immer auch Individuen geben, die ein Verständnis dafür hatten, die Zeichen der Zeit, die Wirkung von Pflanzen, die Kraft von Musik, Ritualen und Berührungen zu nutzen (vgl. Harke in Nasitta und Westphal 2015, S. 37). Elaine Aron geht davon aus, dass es in der Vergangenheit zwei Gruppen von Menschen in einer Gesellschaft gab: die "kriegerischen Könige" und ihre "priesterlichen Ratgeber" (vgl. Aron 2015, S. 46). Sogenannte "aggressive Kulturen" breiteten sich gern über ihre Grenzen aus, führten und gewannen Wettstreite und übernahmen die Führung in der Gesellschaft. Ihre Werte waren Expansion, Freiheit und Ruhm. Um eine erfolgreiche Regentschaft zu garantieren, brauchten sie jedoch auch eine Gruppe der Ratgeber, Berater, Richter und Priester. Diese galten als nachdenklich, bedacht, gewissenhaft und sehr kreativ in ihren Ideen. Sie hielten das Gleichgewicht zwischen den Königen und Kriegern und traten dabei besonders für das Wohlergehen und den Schutz des Volkes ein (vgl. Aron 2015, S. 46 f.). "Hochsensible Menschen neigen dazu, diese Rolle auszufüllen" (Aron 2015, S. 47).

Sie sind oftmals die Musiker, Heiler, Schamanen, Priester, Dichter, Berater, Lehrer, Forscher oder Maler. Mit ihrer besonders feinen Wahrnehmung waren und sind sie wichtige Mitglieder in allen Kulturen unserer Erde und nehmen einen besonderen Platz in unserer Gesellschaft ein (vgl. Harke in Nasitta und Westphal 2015, S. 37). Nicht immer haben sie es dabei einfach. Sie machen sich durch ihre andere Rolle unbeliebt und brauchen ein starkes Selbstbewusstsein, um ihre Aufgaben gut ausführen zu können. Daher stellt sich folgende Frage: "Was bräuchte unsere Gesellschaft, damit Hochsensible ihre Wertschätzung und ihren Platz bekommen? Und, ganz wichtig: Was würde der Gesellschaft abhandenkommen, wenn [es keine hochsensiblen Menschen mehr gäbe, beziehungsweise diese versucht werden durch Medikamente den Normalsensiblen `angepasst´ zu werden?]" (Schorr 2014 a, S. 31).

Interessanter Weise scheint es auch im Tierreich eine solche Mischung von hochsensiblen und normalsensiblen Individuen zu geben, welche evolutionsbiologisch durchaus sinnvoll ist. Es gibt die Individuen, die Reize tiefer verarbeiten und sich bei der Bewertung einer Situation mehr Zeit lassen, um diese mit früheren Erlebnissen und Erfahrungen zu vergleichen. Sie beobachten, bevor sie handeln. Die andere Gruppe von Individuen reagiert dagegen sofort. Für das Überleben einer Population ist offenbar eine Mischung aus beiden Verhaltensweisen innerhalb einer Gruppe von Vorteil (vgl. Thivissen 2015). "Biologen haben die beiden Muster bei mehr als 100 Tierarten entdeckt, unter anderem bei Fischen, Fruchtfliegen und Rhesusaffen" (Thivissen 2015).

Hochsensible und Normalsensible - beide - sind in ihrem Zusammenspiel wichtig für eine gelungene Gemeinschaft.

3.2 Entstehung des Konstruktes

Die US-amerikanische Psychologin Elaine N. Aron gilt als Pionierin der Hochsensibilität. Wie sie auf das Thema stieß, berichtet sie in einem Interview für "DIE WELT": "1987 hatte ich einen medizinischen Eingriff, auf den ich nach Ansicht des Arztes überreagierte und er schickte mich daher zur Psychotherapie. In der zweiten oder dritten Stunde sagt mir die Therapeutin: `Ich glaube, Sie sind einfach hochsensibel.` Als ich nachfragte, wusste sie auch nicht genau, wie man das definiert, aber sie dachte, sie selbst und ihr Mann seien ebenso und das beeinflusse ihr ganzes Leben entscheidend. Das hat mich interessiert" (Strohmaier 2015). Und dann begann Aron zu recherchieren. Dies erwies sich als sehr schwierig, da kaum Literatur in diese Richtung erhältlich war. Am engsten mit dem Thema Sensibilität verwandt, war die Eigenschaft der Introvertiertheit. Carl Gustav Jung hatte zu Introversion bereits intensive Forschungen betrieben. Er war der einzige Tiefenpsychologe, der genauer auf die Sensibilität eingegangen ist. Jung war mit Sigmund Freud, dem bekannten österreichischen Neurologen und Tiefenpsychologen befreundet und galt selbst als hochsensibel.

Aron machte sich das Wissen Jungs zunutze, merkte jedoch schnell, dass Sensibilität und Introvertiertheit für sie nicht gleichgesetzt werden können (vgl. Aron 2015, S. 17 f.). Und dann begann sie selbst am Thema Sensibilität zu forschen:

"Damals arbeitete ich an der Universität von Santa Cruz und habe per Campus - Newsletter und Postern auf dem Unigelände nach Menschen gesucht, die von sich glaubten, sie seien besonders empfänglich für Reize" (Strohmaier 2015).

Als die Lokalzeitung einen Artikel über ihre Untersuchungsreihe veröffentlichte, gab es eine sehr große Resonanz der Leser durch hunderte von Anrufen und Briefen (vgl. Aron 2015, S. 17 f.). Mit diesem Interesse und von den vielen Fragen der Bevölkerung geleitet, startete Aron gemeinsam mit ihrem Mann Arthur eine gründliche Forschungsarbeit zur HS. Zunächst führte sie Interviews mit 39 Studenten, um ein Konzept zu entwickeln. In weiteren Studien untersuchte sie rund 1300 Personen und erstellte aufgrund der Daten einen Fragebogen zur Messung von Hochsensibilität (vgl. Thivissen 2015). Aus den zu beobachtenden Eigenschaften und Reaktionen der Probanden entwickelte Aron eine HSP-Skala (HSP steht hier für „Highly Sensitive Person") um dabei drei „Sensibilitätsarten" zu messen: eine ästhetische Sensitivität für Feinheiten in Musik oder Kunst, eine niedrige Reizschwelle und eine leicht auslösbare Erregung. Die Werte korrelierten stark miteinander, weshalb die Forscherin auf ein einheitliches Merkmal schloss (vgl. Thivissen 2015). Spätere Forschungen konnten eine Validität dieses Konstrukts bestätigen und der HS-Test findet heute noch in der Psychologie zur empirischen Erfassung der Hochsensibilität Verwendung.

Aron leitete das Thema damals erstmals ein und arbeitete es wissenschaftlich auf. Sie begann also mittels Fragebögen sich dem Thema zu nähern und veröffentlichte ihre Forschungsergebnisse dann 1996 im Buch "The highly sensitive person" (Hochsensible Menschen), wodurch sie zum ersten Mal diesen Begriff prägte. In einem Interview meinte sie zur HS: "[Es ist] ein Persönlichkeitsmerkmal, eine alternative Überlebensstrategie der Natur, die den Menschen heute noch Vorteile bringt" (Strohmaier 2015).

Ihr Buch wurde zum Standardwerk des HS-Themas und ist bisher in 70 Sprachen übersetzt wurden (vgl. Strohmaier 2015). Unter dem Titel "Sind sie hochsensibel?" erschien es 2005 auch in deutscher Sprache und ist bereits in der zehnten Auflage erhältlich.

Aron selbst sagt zu ihrer Forschung: "Deswegen sage ich auch nicht, ich hätte das Persönlichkeitsmerkmal entdeckt, aber ich habe ihm einen anderen Namen gegeben. Es war immer da, man nannte es Schüchternheit oder Introvertiertheit. Der Psychologe Jerome Kagan sprach von gehemmt und ungehemmt" (Strohmaier 2015).

Kagan hatte beobachtet, dass Kinder in einem Raum voller Spielzeug ganz unterschiedlich reagierten. Einige Kinder spielten sofort los, andere standen erst mal reglos in der Ecke und schauten zu. Desweiteren setzte er Säuglinge verschiedenen Reizen aus und beobachtete dabei, dass 20 Prozent der Kinder stark auf diese Stimulation reagierten, indem sie zappelten, weinten und versuchten zu entkommen. Diese Kinder entwickelten sich später als deutlich vorsichtiger und zurückhaltender, weshalb er sie als "gehemmt" bezeichnete (vgl. Schorr 2014 a, S. 13).

Neben Kagan beschäftigten sich unter anderen auch Alice Miller mit "dem begabten Kind" und der russische Physiologe Ivan Pawlow mit der "Reizbarkeit". Er fand heraus, dass jeder Mensch einen Punkt besitzt, bei dem er sich auf

Grund von Überstimulation vor weiteren Reizen verschließt (sogenannte "transmarginale Hemmung") (vgl. Pilgerstorfer 2014). Hierbei belegte Pawlow den gleichbleibenden Anteil von 15 bis 20 Prozent der Probanden, die eine deutlich niedrigere Reizschwelle als die anderen aufwiesen. Bei seinen Versuchen zur Empfindsamkeit setzte er Versuchspersonen steigendem Lärm aus und war über eine deutliche Zweiteilung der Reaktionen innerhalb der Gruppe überrascht. 15 bis 20 Prozent der Probanden kamen schnell an die Grenze ihrer Belastbarkeit, während die übrigen 85 Prozent der untersuchten Personen erst viel später gemeinsam ihre Lärmgrenze erreichten (vgl. Schorr 2014 a, S. 12 f.).

Es wird deutlich, dass sich vor Aron schon einige Wissenschaftler dem Thema der HS näherten. Brigitte Schorr geht in ihrem Buch "Hochsensibilität. Empfindsamkeit leben und verstehen" der Frage nach, warum erst Mitte der 90er Jahre durch Elaine N. Aron das Thema eine so breite Resonanz in der Öffentlichkeit fand (vgl. Schorr 2014 a, S. 14). Schorr vermutet, dass sich die Menschen durch zunehmende Hektik, Informationsflut und Krisen, ihrer Sensibilität stärker bewusst werden. So sei in den letzten Jahren ein ständig wachsendes Bedürfnis zum Wissen über die HS zu spüren. Außerdem geht sie davon aus, dass HS keine Mode-, sondern eine Zeiterscheinung ist (vgl. ebd.). Es gäbe einen "Ruf nach Werten, nach einer reflektierteren, nachdenklicheren Sichtweise, nach einem nachhaltigeren Umgang mit Ressourcen, welche die Welt hat, kurz, nach einem sensibleren Zusammenleben" (Schorr 2014 a, S. 14). Hochsensible spüren ihrer Meinung nach bereits sehr früh, welche Lösung ein bestimmtes Problem benötigt. HSM besitzen oft Eigenschaften wie Gesprächsbereitschaft, Verantwortungsbewusstsein, Kompromissfähigkeit, ein ausgeprägter Gerechtigkeitssinn, hohe ethische Ansprüche und Gewissenhaftigkeit, die unsere Welt sehr nötig habe (vgl. Schorr 2014 a, S. 15).

3.3 Aktuelle Forschungen und Erkenntnisse

Zum Thema der HS existieren bereits zahlreiche empirische Erkenntnisse.

In den frühen Forschungsarbeiten von Elaine Aron und ihrem Mann konnte empirisch bewiesen werden, dass eine klare Trennung der HS von anderen psychologischen Merkmalen wie sozialer Introversion, negativer Emotionalität, Schüchternheit oder Gehemmtheit vorliegt (vgl. Bertrams 2015).

Wie bereits erwähnt, beschäftigten sich Wissenschaftler wie Jerome Kagan, Alice Miller, Carl Gustav Jung und Iwan Petrowitsch Pawlow bereits vor Elaine Aron mit der Erscheinung der erhöhten Sensitivität innerhalb der menschlichen Spezies, ohne jedoch eine ausreichend fundierte theoretische Basis zu schaffen.

Der heutige Stand der Wissenschaft, zum Thema des 1997 entwickelten Konzeptes der HS durch Aron, ist in einigen Bereichen durchaus weiter. Man hat heute viel mehr Wissen zu den neurologischen Zusammenhängen im Gehirn und konnte viele Parallelen zu Untersuchungen im Tierreich feststellen.

Wie bereits erwähnt, entwickelte Aron die sogenannte "Highly Sensitiv Person Scale" (HSP-Skala), eine aus 27 Fragen bestehende psychometrische Skala. Zukünftig wäre zur Messung der HS auch der Einsatz zusätzlicher Methoden, zum Beispiel physiologischer Messungen, wünschenswert (vgl. Bertrams 2015).

Bisherige Studien, die sich dem Thema unter Bezugnahme auf Elaine Aron und Arthur Aron gewidmet haben, thematisierten in erster Linie die negativen Aspekte der Hochsensibilität. So wurden zum Beispiel Zusammenhänge mit Ängsten und Depressionen erforscht. Um dem Thema gerecht zu werden, sollten aber auch die positiven Aspekte des Persönlichkeitsmerkmals näher untersucht werden. So könnte man beispielsweise fragen, ob nicht auch die positiven Reize von hochsensiblen Menschen intensiver verarbeitet werden (vgl. Bertrams 2015).

Achim Zinke, Facharzt für Psychotherapie und Psychosomatische Medizin in Kassel arbeitet als Leiter der Forschungsgruppe Genetik des Informations- und Forschungsverbundes Hochsensibilität e.V. (IFHS) und hält die Entwicklung eines Gentests für HS für unverzichtbar. Im Mitgliedermagazin der IFHS veröffentlichte er den Artikel "Das hochsensible Gen". Er plädiert darin für einen objektiven Unterscheidungstest, mit dem die HSM für ihre Rechte und Bedürfnisse kämpfen können. Seiner Meinung nach bietet sich hierbei ein genetischer Test an (vgl. Zinke 2012, S. 14). "Einen objektivierbaren Gentest in der Hand zu haben, der das `hochsensible Gen` bestimmt und damit die ewigen Diskussionen mit den [...] Kostenträgern um eine besondere medizinische Versorgung erleichtert, wäre für uns von unschätzbarer Bedeutung" (Zinke 2012, S. 14). Durch einen solchen Test wäre eine klare Abgrenzung der HS zum Beispiel zur narzisstischen Persönlichkeit gegeben und auch die pharmazeutische Forschung könnte seiner Meinung nach davon profitieren. Es wäre möglich, die spezielle Wirkung einer Medikation auf Hochsensible zielgerichtet zu testen und damit auch an sie anzupassen (vgl. Zinke 2012, S. 14).

Zinke vermutet, dass HS durch ein bestimmtes rezessives Gen verursacht wird. Demnach wäre ein Viertel der Menschen hochsensibel, da das Persönlichkeitsmerkmal "[...] nur dann auftritt, wenn die Chromosomensätze von Mutter und Vater das Gen weitervererben" (Zinke 2012, S. 15). Nach Auffassung des Facharztes könnte man mit der Bestätigung der HS durch einen Gentest therapeutische Interventionen für Hochsensible besser an diese anpassen und optimieren. Dadurch würde viel Geld für unnötige Behandlungen, wie sie derzeit stattfinden, gespart werden.

Zinke steht mit Genetikunternehmen in Kontakt und wirbt auch bei pharmazeutischen Unternehmen um freie Ressourcen für die Erforschung der HS. Im Artikel erwähnt er allerdings auch, dass die Frage der Finanzierung der Forschung bisher noch ungeklärt ist. Dennoch laufen bereits einige seiner Untersuchungen, bei denen Hochsensible aus seinem Bekanntenkreis DNS (Desoxyribonukleinsäure) durch Blutentnahme zur Verfügung gestellt haben.

Hochsensibilität ist keine Krankheit, sondern eine Veranlagung. Daher muss man bei allen Forschungen im Blick behalten, dass es nicht im Sinne Arons oder der hochsensiblen Menschen ist, aus dem Persönlichkeitsmerkmal eine Diagnose nach ICD (Internationale statistische Klassifikation der Krankheiten und verwandter Gesundheitsprobleme) oder DSM (diagnostischer und statistischer Leitfaden psychischer Störungen) zu machen. Dennoch sollten sich Ärzte und Therapeuten in Hinsicht auf eine erfolgreiche Behandlung von Krankheiten hochsensibler Patienten mit den Aspekten und Gegebenheiten der HS auskennen und im besten Falle alternative Heilmethoden anwenden.

Es gibt natürlich auch Menschen, die das Persönlichkeitsmerkmal der HS in Frage stellen. Elaine N. Aron wurde in einem Interview gefragt, was sie Leuten sagen würde, die das Phänomen der HS anzweifeln. Sie antwortete folgendes: "Die wissenschaftliche Basis ist stark und wird immer stärker. An über 50 Universitäten wird dazu geforscht, wenn man die Kinderstudien mitrechnet, sind es sogar 100. Eine der interessantesten Studien stammt übrigens von dem deutschen Biologen Max Wolf, der mit Hilfe von Computersimulationen gezeigt hat, wie die Evolution begünstigt, dass sich bei Tieren und Menschen bestimmte Persönlichkeitsmerkmale herausbilden" (Strohmaier 2015).

Damit die Forschungen weiter vorangetrieben werden, gibt es sogar einen "Informations- und Forschungsverbund Hochsensibilität e.V." (IFHS), der sich in der Bundesrepublik Deutschland und in internationaler Kooperation mit anderen Verbänden unter anderem um die Informationssammlung und -bereitstellung, Öffentlichkeitsarbeit, die Vernetzung forschender Wissenschaftler, sowie um die Unterstützung lokaler Aktivitäten zum Thema Hochsensibilität kümmert (vgl. IFHS 2015).

Zum Stand der Forschung äußert sich Alex Bertram von der Universität Erlangen-Nürnberg auf der Homepage der IFHS folgendermaßen: "So bleibt festzuhalten, dass es zum Thema Hochsensibilität noch viele offene Forschungsfragen gibt. Auch so manche Behauptung über hochsensible Personen in der populär - wissenschaftlichen Literatur bedarf erst noch einer empirischen Belegung" (Bertrams 2015).

3.4 Präsenz in den Medien

Seit 2004 gibt es deutschsprachige Literatur zum Thema Hochsensibilität (vgl. Schorr). Das Wissen um die hochkomplexe Veranlagung der Hochsensibilität wurde damit für die Menschen in unserer Umgebung verfügbar. Doch selbst elf Jahre nach Veröffentlichungen im deutschsprachigen Raum durch Autoren wie Brigitte Schorr, Marianne Skarics, Christa und Dirk Lüling oder Georg Parlow, scheint das Thema in der breiten Bevölkerung noch nicht angekommen zu sein. Diese Unwissenheit zeigte sich auch beim Benennen unseres Bachelor - Themas im Familien- und Freundeskreis.

Dennoch waren wir erstaunt, dass wir bei gezielter Suche nach dem Thema Hochsensibilität in den unterschiedlichsten Medien fündig wurden. Allein der Internetanbieter Amazon zeigt 190 Bücher zum Thema mit unterschiedlichen Vertiefungen und Ausführungen an.

Bei der Eingabe des Wortes "Hochsensibilität" finden sich bei Internetrecherchen zum Beispiel auf der bekannten Suchmaschine "Google" beachtliche 294 000 Ergebnisse. 2500 Videos findet man zum Thema auf dem Videoportal "YouTube".

Fernab von Internetseiten scheint das Thema in unserer näheren Umgebung leider weniger mediale Präsenz zu haben. In der Döbelner Stadtbibliothek fand sich gerade mal ein Buch über hochsensible Kinder und immerhin war das Standardwerk von Elaine Aron als E-Book zur Ausleihe erhältlich. Unsere Mittweidaer Hochschulbibliothek konnte uns zum Thema erstaunlicherweise gar kein Buch liefern. Dafür wurden wir auf einige Artikel in Zeitschriften wie der "Für Sie", "Family", "Natur und Heilen" und "Psychologie Heute" aufmerksam. Es scheint also doch ein Thema zu sein, was bestimmte Personenkreise oder gar die Gesellschaft interessieren könnte.

Des Weiteren stießen wir bei unserer Recherche auf einen *Spielfilm*, der das Thema Hochsensibilität unterhaltsam veranschaulichen soll. In dem französischen Film "Die anonymen Romantiker" aus dem Jahr 2011, werden beide Hauptdarsteller als hochsensibel dargestellt und die mit dieser Eigenschaft verbundenen Fähigkeiten und Schwierigkeiten auf feinfühlige und lustige Art und

Weise dem Zuschauer näher gebracht. Der Film handelt von der Liebe zwischen zwei Hochsensiblen, die viel Schmerz in Kauf nehmen, um in die "normalsensible Welt" zu passen. Die Darstellung des Persönlichkeitsmerkmals, insbesondere in den Szenen der Selbsthilfegruppengespräche, ist sicherlich an einigen Stellen etwas überspitzt. Dennoch wird deutlich, mit welchen Schwierigkeiten HSP zu kämpfen haben und "[...] wie sehr sie versuchen, den Schein des perfekt funktionierenden Menschen vor aller Welt zu wahren und dabei ihre Einzigartigkeit zu kaschieren, weil sie sie für unangebracht und wenig wertvoll halten" (Zschornack 2012, S.17).

Überrascht waren wir beim Fund einer "Gemeinschaft Soziale Arbeit und Hochsensibilität" beim sozialen Netzwerk "Facebook". Auch ohne eigene Registrierung können hier aktuelle Artikel und Kommentare zur Verbindung Sozialer Arbeit und Hochsensibilität eingesehen werden. Darüber wurden wir auch auf einen *Dokumentarfilm* von Mona Suzann Pfeil über hochbegabte und hochsensible Menschen, mit dem Titel "High Skills – verschenkt die Wirtschaft die Potenziale hochsensibler und hochbegabter Menschen?" aufmerksam. Dabei kommt ein Hirnforscher, ein Philosoph, ein Rechenweltmeister und hochsensible Berufstätige zu Wort. Der Film soll verdeutlichen, dass die Wirtschaft die Hochsensiblen noch nicht für sich entdeckt hat. Vorurteile des Persönlichkeitsmerkmals sollen im Film entkräftet werden und die Vorteile der HS in den Vordergrund gestellt werden (vgl. Pfeil 2015). "Hochsensible sind die geborenen Seismografen für Innovationen und notwendige Kurskorrekturen, und sie stellen das nötige Korrektiv in einer funktionierenden Gemeinschaft dar" (Pfeil 2015), so die Künstlerin und Businessberaterin Mona Suzann Pfeil.

Nachdem im Mai 2014 "Sind Sie hochsensibel?: Ein praktisches Handbuch für hochsensible Menschen. Das Arbeitsbuch" von Elaine Aron im Deutschen erschien, arbeitet auch die Pionierin der HS nun an einem Dokumentarfilm.

"Sensitive - the untold story" soll die breite Öffentlichkeit für das Persönlichkeitsmerkmal sensibilisieren, Verständnis von Normalsensiblen für Hochsensible hervorbringen und zum Dialog unter Fachleuten anregen (vgl. Kickstarter 2015).

Neben vielen Internetseiten von Vereinen oder speziellen Beratern zur HS gibt es auch *Foren* im Internet, wie zum Beispiel das Forum "Treffpunkt - Hochsensibilität. Freundeskreis für hochsensible Menschen". Dort können sich HSM mit Gleichgesinnten zu unterschiedlichsten Bereichen, in denen man mit HS in Berührung kommt, austauschen (vgl. Treffpunkt - Hochsensibilität 2015).

Vielerorts gibt es Stammtische für Hochsensible Menschen, die sich regelmäßig zum Austausch in unterschiedlichen Räumlichkeiten treffen. Auch in sächsischen Großstädten wie Chemnitz, Leipzig und Dresden kann man solche Treffen hochsensibler Menschen finden. So zum Beispiel in Dresden: "(Hier) finden regelmäßig Gesprächskreise für Hochsensible statt. An jedem 2. Montag im Monat treffen sich Betroffene und Interessierte um 17 Uhr in der KISS (Kontakt- und Informationsstelle für Selbsthilfe, Ehrlichstraße 3, Raum 3). Die Teilnahme ist kostenlos. Eine Anmeldung ist nicht notwendig" (Bewusst Sein 2015).

Des Weiteren wurden wir vor Beginn unserer Bachelorarbeit auf einige Seminare von christlichen Veranstaltern aufmerksam, welche wir zum Teil selbst besuchten. So zum Beispiel das Frauenseminar mit dem Thema "Hochsensitiv - Besonders normal?!", geleitet von Familienberaterin Anja Schnake im Mai 2014 bei Jugend mit einer Mission Hainichen e.V. oder ein Tagesseminar für "Hochsensible Lastenträger" mit den Autoren Christa und Dirk Lüling im Juni 2015 in der Evangelisch-mennonitischen Freikirche Dresden.

Das Thema scheint also doch allgegenwärtig zu sein. Besonders in den Medien. Doch oftmals ist eine gezielte Recherche auf das Thema Hochsensibilität notwendig, um genauere Informationen zu erhalten.

So erfuhren wir auch vom 1. Kongress zur HS in der Schweiz, der vom 8. bis 9. Oktober 2015 im Schlossgut Münsingen bei Bern stattfand (vgl. HSP - Kongress 2015). Es wurde ein vielfältiges Programm mit einer Mischung aus Referaten, Workshops, Podiumsdiskussionen, Kunst und Film geboten. Initiatorin war unter anderem die bekannte HS - Autorin Susann Marletta - Hart. Vom 2. bis 3. Oktober 2016 soll der 2. Kongress wieder mit namenhaften HS - Experten in der Nähe der Schweizer Hauptstadt stattfinden.

Selbst in der *Märchenwelt* begegnen wir hochsensiblen Persönlichkeiten.

"Die Prinzessin auf der Erbse war zweifellos eine hochsensible Person" (Parlow 2014, S. 23), so Georg Parlow, Autor des Bestsellers "Zart Besaitet". Auch Psychiater Dr. Samuel Pfeifer benennt in seinem Buch "Der sensible Mensch" das Märchen von Hans Christian Andersen als klassisches Beispiel für den übersensiblen Tastsinn, der die Prinzessin die Erbse unter den Schlafmatratzen spüren lässt (vgl. Pfeifer 2012, S. 25).

Doch auch im wahren Leben gab und gibt es berühmte Persönlichkeiten, die als hochsensibel gelten. So zum Beispiel Diana, die Königin der Herzen. Dr. Pfeifer widmet ihr ein ganzes Kapitel als Fallbeispiel in seinem bereits erwähnten Buch (vgl. Pfeifer 2012, S. 119 - 131). "Sie ist der Prototyp einer sensiblen Frau mit Ausstrahlung, Mitgefühl und Empfindsamkeit, die daran zerbrach, dass sie von den Zwängen des britischen Hofes und den widerstreitenden Gefühlen ihres Herzens überwältigt wurde" (Pfeifer 2012, S. 119).

Unter anderen vermutet man auch bei Berühmtheiten wie den Malern Marc Chagall und Pablo Picasso, dem Physiker Albert Einstein, den Schauspielern Charlie Chaplin und Robin Williams, sowie den Sängern Michael Jackson und Nena eine hochsensible Persönlichkeit (vgl. Simply feel it 2015 und Trappmann Institut 2015).

Die Recherche nach der Medienpräsenz der Hochsensibilität hat gezeigt, dass es unzählige Medien gibt, die das Thema des besonderen Persönlichkeitsmerkmals betrachten und bewerten. Besonders über unzählige Internetauftritte von Vereinen und Institutionen wird man zu unterschiedlichsten Bereichen und Medien zur HS fündig.

Auffällig waren bei der medialen Betrachtung die häufig verwendeten Symbole für Hochsensibilität: Die Pusteblume, der Schmetterling oder die Feder, die die Empfindsamkeit der HSM verkörpern und bildlich darstellen sollen.

4 Die Lebenswelt der Hochsensiblen Personen

Nachdem wir uns mit der Geschichte und den Aspekten der Hochsensibilität beschäftigt haben, möchten wir nun in die Lebenswelt der Hochsensiblen eintauchen. Wir wollen dabei die unterschiedlichen Entwicklungsphasen eines Menschen mit Hochsensibilität betrachten. Wie sich die HS in der Kindheit, der Jugend und dem Erwachsenenalter eines HSM zeigt und welchen Einfluss bestimmte Umwelteinflüsse auf die HS in dieser Lebensphase haben, soll im Folgenden thematisiert werden.

4.1 Kindheit

"Was diesen Eltern und Erziehern fehlt, ist vor allem die Information über die Natürlichkeit, den besonderen Wert und die speziellen Herausforderungen der Hochempfindlichkeit" (Parlow 2014, S. 93).

Hochsensible Menschen können bereits im Kindesalter durch ihre Hochsensibilität auffallen. Elaine Aron beschreibt die Unterscheidung zu normalsensiblen Kindern folgendermaßen: "Es ist so, als hätte die Natur hochsensiblen Kindern ein komplexeres Denksystem 'installiert', so dass mehr Zeit benötigt wird, die dazugehörige 'Gebrauchsanleitung' zu studieren" (Nasitta und Westpfahl 2015, S. 35). Hochempfindliche Kinder sind laut Georg Parlow anfälliger für Koliken, Allergien, Stresskrankheiten und unruhigen Schlaf. Sie reagieren außerdem stärker auf Medikamente (vgl. Parlow 2014, S. 175).

Hochsensible Kinder nehmen mehr Informationen und Botschaften aus ihrer Umgebung auf, auch Unterschwelliges. Sie fühlen intensiver und differenzierter. Es erfolgt eine gründliche Reflexion dessen, was sie mit ihren unterschiedlichen Sinnen erlebt haben. Hochsensible Kinder sind oftmals durch eine ausgeprägte Phantasiewelt und das vermischen mit der realen Welt gekennzeichnet (vgl. Nasitta und Westpfahl 2015, S. 35). Sie stellen bereits in früher Kindheit wissbegierige Fragen nach dem Sinn des Lebens und verfügen über eine starke Intuition. Das Kind fällt außerdem durch folgende Eigenschaften auf: eine besondere Feinfühligkeit und Einfühlungsvermögen im Kontakt mit anderen Menschen, schnelles Besorgt sein um andere (auch Tiere), gute Fähigkeit allein spielen zu können und bevorzugter Aufenthalt draußen in der Natur. Neue und fremde Situationen können beim hochsensiblen Kind schnell Angst und Weinen auslösen und es fällt ihm oft schwer, auf andere Kinder zuzugehen. Weitere Besonderheiten können sein, dass das Kind sehr schreckhaft ist und irritiert oder ängstlich auf starke Reize (beispielsweise eine intensive Geräuschkulisse) reagiert. Aron benennt einige Beispiele von hochsensiblen Kindern, die sich beim Schauen von Filmen mit ängstigenden oder traurigen Szenen Augen und Ohren zuhalten (vgl. Aron 2015, S. 58). Ein Auftreten sehr intensiver und beunruhigender Träume ist bei hochsensiblen Kindern des Öfteren der Fall (vgl. Aron 2015, S. 71). Auch ein hoher eigener Anspruch auf Sorgfalt und Perfektion können ein Hinweis auf HS bei Kindern sein. Dabei brauchen sie mehr Zeit bei bestimmten Tätigkeiten, was fälschlicherweise von anderen mit Langsamkeit gedeutet wird (vgl. Nasitta und Westpfahl 2015, S. 35).

Für das Wohlbefinden des Kindes ist die Umwelt und die nahestehenden Kontaktpersonen von großer Bedeutung. Sie brauchen viel wohlwollende und warmherzige Zuwendung und Geborgenheit. Wichtig ist eine Annahme und Anerkennung ihrer besonderen Wesensart, nicht nur in Bezug auf die Besonderheiten durch die HS. *Kinderbücher* wie "Philipp zähmt den Grübelgeier" von Magdalene Hanke - Basfeld oder "Henry mit den Superkräften" von Petra Neumann sollen die Kinder auch selbst für ihre besondere Wesensart sensibilisieren und Selbstbewusstsein für ihre Andersartigkeit schaffen.

Für das hochsensible Kind ist eine reizarme und geschützte Umgebung sehr hilfreich und kann einer Überstimulation vorbeugen. Dabei kann ein Zuviel an Spielzeug und Hintergrundreizen wie Musik oder laufender Fernseher das hochsensible Kind aus der Ruhe bringen und zur Überforderung führen. Sicherheit, Klarheit, Struktur und Stabilität sind für eine positive Entfaltung besonders für kleinere hochsensitive Kinder sehr wichtig (vgl. Schorr 2014 b, S. 151).

Nicht selten tritt zur Hochsensibilität das Wesensmerkmal der *Hochbegabung* auf. Hochbegabte Kinder sind häufig nicht nur auf geistiger, sondern auch emotionaler Ebene besonders ansprechbar. Ähnlich wie bei der HS stehen hochbegabte Kinder unter ständiger Anspannung und Reizaufnahme. Ein eindeutiger Zusammenhang zwischen HS und Hochbegabung ist bisher noch nicht belegt. Zu einer klaren Unterscheidung der beiden Besonderheiten von Kindern, bieten sich geeignete Tests an (vgl. Nasitta und Westpfahl 2015, S. 22 f., 35).

Häufig wird auch ein Zusammenhang zwischen HS und der Diagnose *Aufmerksamkeitsdefizit-/Hyperaktivitätsstörung (ADHS)* gesehen. Aufgrund einiger gemeinsamer Merkmale, wie dem schwachen Reizfilter und der hohen Ablenkbarkeit, besteht die Gefahr von Fehldiagnosen. So kann es passieren, dass hochsensitive Kinder das Etikett AD(H)S bekommen (vgl. Lüling und Lüling 2014, S. 24). Ein Differenzierungsaspekt gegenüber AD(H)S ist die Fähigkeit der HSP Reizüberflutungen kanalisieren und eingrenzen zu können. Hochsensible können sich gut selbst steuern und in ruhigem Umfeld konzentriert arbeiten, was AD(H)S-Betroffenen nur schwer möglich ist. Eine Reizminderung kann die Konzentrationsschwierigkeiten der Aufmerksamkeitsdefizite bei AD(H)S nicht beheben (vgl. Lüling und Lüling 2014, S. 26).

Da hochsensible Kinder eine völlig andere Unterstützung als AD(H)S-Kinder brauchen, benötigt es eine korrekte HS-Erkennung und es besteht großer Aufklärungsbedarf bei Therapeuten, Ärzten und auch Erziehern und Lehrern.

Ein Test, beziehungsweise *Fragebogen, "Ist ihr Kind hochsensibel?"* für Eltern zur möglichen HS ihres Kindes (Anlage 1) und eine Unterscheidungsübersicht zu HS und ADH(S) ist im Anhang unserer Arbeit zu finden (Anlage 2).

Besonders in den ersten Lebensjahren sind hochsensible Kinder höheren psycho - emotionalen Belastungen ausgesetzt als normalsensible Kinder (vgl. Parlow 2014, S. 92). Die Amerikanerin Susan Cain, bezeichnet hochsensible Kinder in ihrem Buch "Still: Die Bedeutung von Introvertierten in einer lauten Welt" als so genannte "Orchideenkinder". Es handelt sich dabei um folgende, von Psychologen noch nachzuweisende Hypothese: Die meisten Kinder gedeihen so ähnlich wie Löwenzahn in fast jeder Umgebung, während ein geringerer Teil von Kindern eher den Orchideen gleichen. "Sie welken leicht, aber in einer fördernden Umgebung entwickeln sie sich sogar besser als Löwenzahnkinder" (Lüling und Lüling 2014, S. 13 f.). Man geht davon aus, dass diese Kinder oft gesünder sind, bessere Noten und stabilere Beziehungen haben. Dabei spielen die Eltern als fördernde Umgebung solcher "Orchideenkinder" eine wichtige Rolle. Sie sollten ihr Kinder möglichst nicht als zerbrechlich, sondern als formbar sehen. Erwachsene, die an der Erziehung hochsensibler Kinder beteiligt sind, sollten ein Grundverständnis für die Andersartigkeiten dieser Kinder haben und sie anleiten und unterstützen können. Dadurch kann die besondere Empfindsamkeit als Gabe gesehen werden und sinnvoll in das Leben der Kinder integriert werden. Von großer Bedeutung ist es, hochsensitiven Kindern belastende Lebenserfahrungen, die auch durch Unwissenheit Erwachsener zustande kommen können, zu ersparen (vgl. Lüling und Lüling 2014, S. 15). So verweist Psychologe Alexander Bertrams von der Universität Bern zum Beispiel auf Studienergebnisse, die zeigen, dass spätere Schüchternheit und negative Emotionalität vor allem bei HSP zu finden sind, die eine ungünstige elterliche Umwelt während ihrer Kindheit hatten (vgl. Reinhardt und Wolf 2015, S. 23).

Dazu meint Aron: "Hochsensible nehmen ihre Umgebung in allen Aspekten intensiver wahr und denken darüber mehr nach. Deshalb tut ihnen ein positives

Umfeld ungleich besser als anderen. Ein negatives Umfeld schadet ihnen dagegen mehr als anderen" (Strohmaier 2015). Leider werden viele HSP bereits im Kindesalter für ihre Dünnhäutigkeit von weniger empfindsamen Mitmenschen verkannt oder gar abgelehnt. Daher ist eine Sensibilisierung erwachsener Bezugspersonen und Betreuer vonnöten, so dass Probleme der Kinder, die durch eine erschwerte Anpassung an "normalsensible Rahmenbedingungen" entstehen, nicht als Unvollkommenheiten des sensiblen Kindes wahrgenommen werden (vgl. Thivissen 2015). Verständnisvolle Erwachsene können hochsensiblen Kindern gute Lebensmuster und innere Stärke geben, so dass diese Kinder ihre Fähigkeiten und Grenzen kennen lernen und auf ihrem weiteren Lebensweg gut mit ihrer HS zurechtkommen, um ihren Platz in der Gesellschaft zu finden.

Elaine Aron findet dafür passende Worte: "Um ein außergewöhnliches Kind großzuziehen, muss man auch bereit sein, sich auf ein außergewöhnliches Kind einzulassen" (Lüling und Lüling 2014, S.31).

4.2 Jugend

"Der Kern des Glücks: Der sein zu wollen, der du bist." Erasmus von Rotterdam

Die Adoleszenz, also die Übergangsperiode zwischen Kindheit und Erwachsenenalter ist sicherlich für jeden Mensch eine schwierige und turbulente Zeit. Untersuchungen haben ergeben, dass besonders die HSP ihre Jugendzeit als den schwierigsten Lebensabschnitt bezeichnen (vgl. Aron 2015, S. 137). Neben tiefgreifenden biologischen Veränderungen steigt die Verantwortung der Jugendlichen in vielen Bereichen. Absolvierung des Führerscheins, anstehende Berufs- oder Studienwahl, Umgang mit Drogen und Alkohol, Abnabelung vom Elternhaus, potentielle Elternschaft und viele Entwicklungsaufgaben stehen im Jugendalter an. Die Herausbildung eines eigenen Lebensstils und eigener Werte und das Schaffen einer eigenen Identität sind einige dieser Entwicklungsaufgaben der Jugendzeit. Oftmals merken hochsensible Jugendliche bei ihrer Identifikation über normalsensible Vorbilder, dass sie nicht in deren "Schablone" passen. Selbstfindung und Abgrenzung sind wichtige Themen in dieser Zeit und Gleichaltrigenbeziehungen haben eine große Bedeutung. Beziehungen zum anderen Geschlecht sind bei den meisten Jugendlichen mit enormen Unsicherheiten, Ängsten und Fragen belegt. Untersuchungen von Elaine Aron belegen zum Beispiel, dass sich HSM oft heftiger verlieben als Normalsensible (vgl. Aron 2015, S. 220).

Der Umgang mit den vielen Veränderungen, nicht nur während der Pubertät, bedeutet besonders für hochsensible Jugendliche enormer Stress und Druck in vielen Lebensbereichen. Dabei sind sie auf sehr viel Verständnis und Geduld gerade von den Eltern angewiesen. Die beste Unterstützung, die man dem Jugendlichen bieten kann, ist, ihm das Gefühl zu vermitteln, dass er richtig ist, wie er ist und dieses „Anderssein" positiv zu belegen. Wie auch bei Kindern sollte man die Gefühls- und Gedankenwelt des Jugendlichen ernst nehmen und darauf eingehen (vgl. Neumann und Sittel 2015).

Denn gerade *introvertierte hochsensible Jugendliche* können dazu neigen, sich ständig zurückziehen, um alleine zu sein. Schwierig wird es dann, wenn sich der Jugendliche abschottet und innerlich zu vereinsamen droht. Sensible Jugendliche brauchen daher sehr viel Vertrauen und Entgegenkommen von ihrem Gegenüber. Die Gewissheit der elterlichen Liebe kann dem Jugendlichen die Zeit der Pubertät um einiges erträglicher machen.

Dann gibt es noch die *extravertierten hochsensiblen Jugendlichen*. Diese sind ständig irgendwo unterwegs und überfordern sich damit häufig selbst. Auch schulisch setzen sie sich oft selber unter Druck, was sich folglich durch Aggressionen äußern kann. Leistungsdruck und öffentliche Prüfungssituationen im Allgemeinen sind aufgrund der erhöhten Nervenanspannung der HSM dafür verantwortlich, dass oftmals intellektuelle und künstlerische Leistungen geringer ausfallen, als es dem tatsächlichen Fähigkeiten oder Wissensstand entspräche. Eine erlebte Leistungsschwäche kann bei Hochsensiblen schnell zu einem Gefühl der Minderwertigkeit führen (vgl. Parlow 2014, S. 92). Zur persönlichen Auseinandersetzung mit dem Thema HS, gibt es auch bereits Romane für Jugendliche. So zum Beispiel der Liebesroman "Der Geschmack von Sommerregen" von Julie Leuze oder die Trilogie "Splitterherz" von Bettina Belitz, bei der die Protagonistin HSP ist.

Hochsensible Jugendliche sind in neuen Situationen anfangs oft stille Beobachter. Bei normalsensiblen Jugendlichen kann dies schnell als Schüchternheit oder "Spielverderberdasein" gewertet werden (vgl. Fischer 2015). Mangelnde Selbstannahme und Identitätsprobleme, auch durch Ablehnung, stellen besonders in der Pubertät eine Krise für alle Jugendlichen dar. Besonders für hochsensible Jugendliche ist es aber wichtig, ein gutes Selbstbild in ihrer Jugend zu entwickeln (vgl. Lüling und Lüling 2014, S. 91).

Hochsensibel zu sein, bedeutet weder einen Mehr-, noch einen Minderwert. Dies sollte auch dem Jugendlichen bewusst (gemacht) werden.

4.3 Erwachsenenalter

"Wie viel Gutes können Sie sich und anderen bereiten, wenn Sie mit Ihrem hochsensitiven Nervensystem ein eingespieltes, harmonisches Team bilden!" (Parlow 2014, S. 105).

Hochempfindlichkeit ist ein Minderheitenphänomen (vgl. Parlow 2014, S. 11).

Ungefähr ein Fünftel aller Menschen ist hochsensibel. Sie sind feinfühlig, von Selbstzweifeln und Unsicherheiten geplagt und fühlen sich oft unverstanden, nicht ernst genommen und nicht angenommen. Oftmals hören sie Ratschläge wie: "Übertreibe doch nicht so!", "Bezieh doch nicht immer alles auf dich!", "Zieh dich nicht immer zurück!", "Lade dir nicht immer Probleme anderer auf!" (vgl. Ruthe 2015, S. 9).

Doch was bewirken diese jahrelangen Ratschläge in einer HSP? Unsicherheit? Rückzug? Verdrängung?

Eine Hochsensible Person ist anders und daher ist es auch wichtig, dass ihr Lebensstil sich von dem anderer unterscheidet. HSM müssen lernen in "gesunder Harmonie mit ihrem recht andersartigen und höchst empfindsamen Körper leben [zu] können" (Aron 2015, S. 73). Neben besonderen Fähigkeiten, besitzt der erwachsene Hochsensible auch Herausforderungen, die es zu meistern gilt. Aron konnte durch Untersuchungen ihre Annahme bestätigen, dass HSM, die unter schwierigen Bedingungen aufwuchsen, als Erwachsene anfälliger für Angst, Depressionen und damit neurotisches Verhalten sind (vgl. Thivissen 2015). Ruthe meint dazu: "Hochsensibilität ist Gabe und Fähigkeit. Sie befruchtet und inspiriert. Die Schwächen und Belastungen müssen richtig eingeschätzt, können verringert und korrigiert werden" (Ruthe 2015, S. 35). Welche Methoden und Strategien der erwachsenen HSP zur Verringerung und Korrektur derzeit zur Verfügung stehen, soll später im Punkt fünf unserer Arbeit nachgegangen werden. Aron gibt erwachsenen Hochsensiblen folgenden Ratschlag: "Lernen sie, Ihre Kindheit vor dem Hintergrund ihres Wesenszuges zu verstehen und sich selbst, wenn nötig, `nachzubeeltern'" (Aron 2015, S. 143).

Bei der Verteilung der HS zwischen den *Geschlechtern* gibt es keine Unterschiede (vgl. Schorr 2014 a, S. 10). Man geht vom gleichen Anteil weiblicher und männlicher hochsensibler Menschen aus. In Bezug auf die Art und Weise wie sich Sensibilität manifestiert, gibt es jedoch Unterschiede bei den Geschlechtern (vgl. Aron 2015, S. 143). Empfindsame Jungen entsprechen oft nicht der gesellschaftlichen Norm, während es von Mädchen indirekt sogar verlangt wird, einfühlsam und sensibel zu sein. So können Frauen ihre Sensibilität oft ungehinderter ausleben, da sie durch die Werte der Gesellschaft, eher als Männer, in ihrer Empfindsamkeit verstanden und akzeptiert werden.

Verständnisvoll, einfühlsam, sensibel und harmoniebedürftig sind in unserer Gesellschaft leider oft immer noch typisch weibliche Attribute. Diese bezeichnenden Eigenschaften des Persönlichkeitsmerkmals der HS erschweren es daher besonders den *hochsensiblen Männern*, sich ihrer Hochsensibilität einzugestehen und diese auch frei auszuleben. Stärke, Souveränität, Härte, Dominanz, Führungs- und Versorgerrolle sind eher Schlagworte, die mit dem gesellschaftlichen Bild des Mannseins verbunden sind. Doch gerade hochsensible Männer sind wichtig für unsere Gesellschaft. Sie können gut zuhören, besitzen eine starke Empathie für andere, sind oft künstlerisch begabt, führen gern tiefgreifende Gespräche und haben ein ausgeprägtes Verantwortungsgefühl (vgl. Harke 2015 b).

Hochsensible Männer müssen oftmals erst herausfinden, an welchem Platz im Leben ihre besonderen Qualitäten gefragt sind und wo ihre Stärken liegen. Diese gilt es dann zu nutzen und sich seiner inneren Stärke und Andersartigkeit bewusst zu sein und diese mit gesundem Stolz anzunehmen und zu leben.

Aron spricht in einem Interview von einem gesellschaftlichen Umdenken: "Immer mehr Eltern setzen sich für ihre hochsensiblen Kinder ein. Eine Menge Väter, die selbst hochsensibel sind, haben mir erzählt, sie hätten ihre Söhne erst besonders hart angefasst, weil sie Angst hatten, sie würden in der Gesellschaft nicht klar kommen. Die wollen das jetzt wieder gut machen" (Strohmaier 2015).

Zurück zu den Frauen. Wenn hochsensible Frauen *Mütter* werden, kann dies zu besonderen Grenzsituationen führen. Denn die Mutterschaft stellt im Besonderen HSM vor neue Herausforderungen und ein Mehr an Reizen und Gedanken. "Ein Kind zu haben, sorgt für eine Flut von Wahrnehmungen und Gefühlen. Und dann sind da noch die Blicke und Ratschläge der Nachbarn" (Schorr 2014 b). Die Eigenschaft der Hochsensibilität kann nun in besonderem Maße als störend oder beeinträchtigend erlebt werden. Bereits "normales" Alltagsleben mit einem Kind kann zu schneller Überreizung, Unzufriedenheit und Überforderung führen (vgl. Schorr 2014 b, S. 15 ff.). Selten kann sich die Mutter in der Kleinkindphase zurückziehen. Die ohnehin sehr hohen Ansprüche und Erwartungen Hochsensibler an sich selbst und ihr Streben nach Perfektion sind in der Mutterrolle noch weniger realisierbar. Besonders wenn Krankheiten, problematisches Verhalten des Kindes oder Beziehungskonflikte hinzukommen, ist die Belastung enorm hoch. Daher sind hochsensible Eltern schneller erschöpft und sollten sich möglichst viel Zeit und Raum für sich selber einräumen und auch einfordern.

Außerdem sollten sie sich nicht vor der Inanspruchnahme von Hilfe durch Großeltern oder Freunde scheuen. Somit ist das „Erhalten" des Optimums zwischen dem Erregungsniveau und der Leistungsfähigkeit eher möglich, um nicht in eine Erschöpfung „abzufallen".

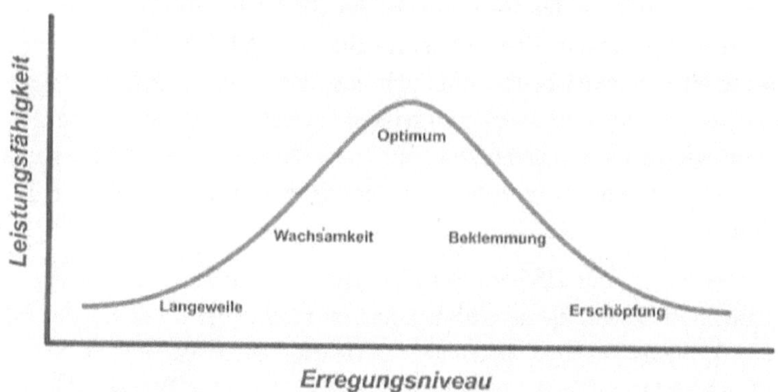

Aufgrund der höheren Sensibilität gibt es auch die Möglichkeit, viele schöne Seiten der Elternschaft zu entdecken. So fällt es HSP vielleicht leichter, die einfachen, kleinen Dinge im Alltag mit ihren Kindern zu genießen und ein besonders inniges Verhältnis zum Kind aufzubauen (vgl. Appel 2015). Es ist nachgewiesen, dass besonders empathische Mütter einen positiven Einfluss auf die soziale Kompetenz ihrer Kinder haben (vgl. Schorr 2014 a, S. 13). Brigitte Schorr schreibt in ihrem Buch "Hochsensible Mütter": "Sie als Mutter...haben die Möglichkeit, genau durch Ihre Sensibilität die Welt und die Ihrer Kinder ein wenig besser zu machen. Der Weg dahin führt über das Verstehen dieser hochkomplexen Veranlagung" (Schorr 2014 b).

---

[2] Aus: Schorr 2014 a, S. 16

5 Hochsensible Personen im Berufsalltag

"Wo die Bedürfnisse der Welt mit deinen Talenten zusammen treffen - dort liegt deine Berufung" (Aristoteles).

In diesem Hauptabschnitt unserer Arbeit möchten wir uns damit beschäftigen, wie hochsensible Menschen in ihrem Berufsalltag zufrieden leben können. Dazu betrachten wir besonders den Berufszweig der Sozialen Arbeit, indem wir auf den hochsensiblen Sozialarbeiter mit seinen Stärken und Schwächen, sowie auf den Umgang eines Sozialarbeiters mit hochsensiblen Klienten eingehen werden. Hinführend ist es jedoch notwendig zu wissen, in welchen Berufen andere HSP arbeiten und wie sie damit zurechtkommen, denn das Leben und die Suche nach einer Berufung ist oftmals eine Gratwanderung zwischen Genialität und Zusammenbruch.

Es ist zu beobachten, das HSP im Berufsleben meist gut zu erkennen sind. Sie sind diejenigen im Team, die gern als schüchtern bezeichnet werden, jedoch ihre Arbeit sehr gründlich, wenn nicht sogar perfektionistisch verrichten. Sie sind multitalentiert und haben viele Interessen. Somit tendieren HSM dazu, einen Beruf auszuüben, der ihnen sinnvoll erscheint und sich an deren ethischen Werten anlehnt. Die eigene Karriere zu planen, ist meist eine große Herausforderung und ein langer, steiniger Weg zur Berufung. Meist dauert die Suche danach ein halbes Leben, heraus zu finden welcher Beruf zu den inneren Werten passt. Vielmals fühlen sich HSM überfordert, zu vielen Reizen ausgesetzt und ausgenutzt im Job. Oftmals sind es die "Ja-Sager" die sich nicht trauen "Nein" zu sagen und sich dann immer mehr Arbeit aufhalsen. Entweder wegen eines geringen Selbstwertgefühls oder wegen enormen Mitgefühl. Pausengespräche im Kollegenkreis führen HSP eher selten, da "Smalltalk" ihnen wenig sinnvoll vorkommt. Deshalb werden diese Menschen meistens als arrogant, seltsam oder nicht interessiert eingeschätzt. Dennoch kommen einzeln die Kollegen gern zu HSM, um sich über ihre privaten Probleme auszulassen. Dies bedeutet jedoch wieder mehr Arbeit für den Hochsensiblen, da er sich nun auch mit privaten Problemen der anderen beschäftigen muss. HSM beobachten gern, haben sensible Antennen für Feinheiten und ein gutes Gespür dafür, welches Klima im Team herrscht. Die gute Intuition bringt diese Mitarbeiter zu sehr guten Ideen und Verbesserungsvorschlägen. Leider trauen sich diese Menschen selten, die Ideen auch anzusprechen oder preiszugeben. Generell arbeiten HSP häufig in unterbezahlten Berufen und werden bei Beförderungen übersehen. Dabei haben sie einige Kompetenzen, die für Chefs durchaus von Nutzen sein können. Durch die stark ausgeprägte Intuition ist es möglich, dass ein HSM Trends feststellen und somit Nischen entdecken kann, um das Unternehmen zum Erfolg zu führen. Wenn eine HSP von einer Sache überzeugt ist, dann kann er andere schnell beeindrucken. Nachdem er gute Gründe gefiltert hat, kann er diese Ideen in existierende Berufe einbinden. Somit wird er leicht Experte auf einem Gebiet und kann selbständig, verantwortungsbewusst und autonom arbeiten. Eine weitere Eigenschaft die einen HSM auszeichnet, ist die Vorsicht Risiken einzugehen. Somit durchdenkt er vorher genau seine Ideen. Dies wird jedoch leicht als übervorsichtig und perfektionistisch be- und oft auch verurteilt. Dabei sind diese Menschen mit Begeisterung und Leidenschaft bei Dingen, die sie interessieren, handeln stets empathisch und können Sympathien erzeugen, die sie mit Sprachgewandtheit und Wärme zum Ausdruck bringen.

Aber wie kommt nun eine HSP zu seiner Berufung? Dazu bedarf es einem Individuationsprozess, den jeder Mensch mehr oder weniger durchläuft. Für die meisten Menschen ist ein Beruf dazu da, Geld zu verdienen. Für HSM jedoch liegt die eigene Lebensbestimmung darin, die ganz persönliche Berufung zu finden und dieser nachzugehen. Sie streben danach, einen Sinn in ihren Handlungen zu finden, einen wertvollen Dienst für die Welt zu tun. Dabei ist es ihnen wichtig, die richtigen Umweltverhältnisse zu haben, das heißt glücklich zu sein, indem was man Tag für Tag vollbringt.

Laut dem Begründer der analytischen Psychologie Carl Gustav Jung bedeutet Individuation "[...] zum Einzelwesen werden, und, insofern wir unter Individualität unsere innerste, letzte und unvergleichbare Einzigartigkeit verstehen, zum eigenen Selbst werden. Man könnte ‚Individuation' darum auch als ‚Verselbstung' oder als ‚Selbstverwirklichung' übersetzen" (Jung 1933, S. 65). Doch viele Menschen verbinden mit Erfolg die Vorstellungen von Geld, Prestige und Macht, so dass HSM oft mit den Menschen ihrer Umgebung in Konflikt geraten. Wollen sie doch einerseits auf ihre innere Stimme hören, andererseits haben sie Verantwortungen zu übernehmen und sich der Gesellschaft und den Arbeitsbedingungen anzupassen. Dies übt einen großen Druck aus, weil HSM sich viel Mühe geben anderen zu gefallen. Die Befreiung zu finden, zu wissen, wer man wirklich ist und was man wirklich will, ist schwer. Somit suchen sie verzweifelt und frustriert nach der eigenen Berufung und wirre Gedanken kreisen ihnen durch den Kopf: "Es wäre wohl wünschenswert lediglich für andere da zu sein und wenig über das eigene materielle Wohl nachdenken zu müssen. - Das schließt aber einen Lebensstil aus, der genügend Zeit verspricht sich den schönen Seiten des Lebens zu widmen... - Andererseits sind die menschlichen

Bedürfnisse und Nöte so groß…" (Aron 2015, S. 191). Bestimmte Aufgaben auszuüben, die in den meisten Berufen gefordert werden, wie Vorträge halten, an "Meetings" teilnehmen, "Smalltalk" führen, auf Geschäftsreisen gehen und Maschinenlärm oder Gerüche aushalten, passt einfach nicht zu der Persönlichkeit eines Hochsensiblen. Weshalb bei der Suche nach Ausbildung und Beruf Versagensängste und Gefühle entstehen, nicht "normal" zu sein. Der Weg zum Beruf beginnt in der Schulzeit. Hier beschreiben Kinder wie "Marsha" typische Verhaltensweisen (vgl. Aron 2015, S. 133 f.). Die vielen Reize, die solch ein Kind im Schulalltag ausgesetzt ist, beschreibt Dr. Elaine Aron am Fall von Marsha wie folgt: "[...] Lärm. Er flößte ihr zwar keine Angst ein, aber er erschien ihr unerträglich,... zerrte an ihren Nerven. Bei gutem Wetter versteckte sie sich in den Bäumen [...] und las Bücher. Bei schlechtem Wetter lernte sie, während des Lesens alles Störende auszublenden" (Aron 2015, S. 133 f.). Diese Kinder erfahren schon den ersten großen Schock durch die tägliche Trennung vom Elternhaus. Dennoch sind sie nicht unbedingt die Außenseiter der Klasse, sondern postulieren sich oft als Anführer und Hausaufgabenhilfe bei ihren Mitschülern, wenn es darum geht, Vorhaben und Ideen umzusetzen, schöne Bilder zu malen oder kreative Geschichten zu schreiben. Sie erreichen sehr gute Schulnoten und sind befähigt, eigenständig zu lernen. Um der Einsamkeit zu entfliehen, suchen sich hochsensible Kinder einen engen Freund. In dieser Zeit erlernen hochsensible Kinder Fähigkeiten, um mit Überstimulationen umzugehen. Nach der Schulzeit beginnt der eigentliche Kampf. Schon die Ausbildungssuche mausert sich als schwierig, denn HSM können sich nur schwer entscheiden und wissen selten genau, welcher Tätigkeit sie nachgehen wollen. Das liegt in der Natur von HSM. Viele Situationen in der Ausbildung erzeugen Nervosität, da man häufig von seinen Vorgesetzten beobachtet und eingeschätzt wird. Das führt dazu, dass HSM unter Druck geraten, sich abgelenkt fühlen und Fehler machen. Dennoch schaffen es Hochsensible, auch diese Bedingungen in Studium und Ausbildung zu überwinden. Das hochsensible Menschen Probleme damit haben, das "Richtige" zu finden, beschreibt auch Dr. Marianne Skarics: "Hochsensible Menschen brauchen oft wesentlich länger als die weniger Sensiblen, um innerlich erwachsen zu werden. Vor dem 25. Lebensjahr ist kaum ein Hochsensibler »erwachsen« zu nennen" (Skarics 2012, S. 143). Dies sollte man jedoch nicht negativ betrachten, denn das bedeutet, dass HSM ein Leben lang ihre Fähigkeiten erweitern und lernen. Die schulischen Anteile in Studium und Beruf, wie Aufsätze anfertigen, Heftführung und lernen für Prüfungen und Klausuren, sind HSM gewöhnt und vertraut. Plötzlich eiskalt in die eher "praktische" Arbeitswelt einzutreten, kann ein Schock für sehr sensible Menschen sein, da es nun gilt, andere Aufgaben zu erfüllen. Einmal im Job angekommen, plagen HSM Selbstzweifel, ob sie den gewählten Beruf für den Rest ihres Lebens ausüben wollen und ob sie damit glücklich und zufrieden alt werden können. Es liegt laut Dr. Skarics auf der Hand, warum in der heutigen Arbeitswelt schwere Bedingungen für HSM vorherrschen: "Wettbewerb, Ellenbogentechnik, Konkurrenzdenken und das Anstreben kurzfristiger Erfolge bestimmen das Arbeitsleben. Steigende Arbeitslosenraten zwingen das Individuum zur Anpassung, nicht die Arbeitgeber" (Skarics 2012, S. 35 f.). Der Leistungsgedanke und ein rauer Umgangston widerstreben hochsensiblen Menschen. Häufiger Stress und Termindruck erfordern längere Regenerationszeiten und sich aufdrängen um etwas "zu verkaufen" liegt nicht im Sinne von Hochsensiblen.

Im Rahmen eines Hochsensiblen - Diskussionsforums im Internet fand eine Befragung von HSM statt. Man wollte herausfinden, welche Motive HSM für einen Beruf haben. Um einen Vergleich zur "normalen" Gesellschaft zu haben, hat Marianne Skarics dies mit einer Befragung verglichen, die im Jahr 1999 in Österreich die Berufsmotivation der Bevölkerung ermittelt hat (vgl. Skarics 2012, S.98 ff.). Dazu haben wir eine Grafik erstellt:

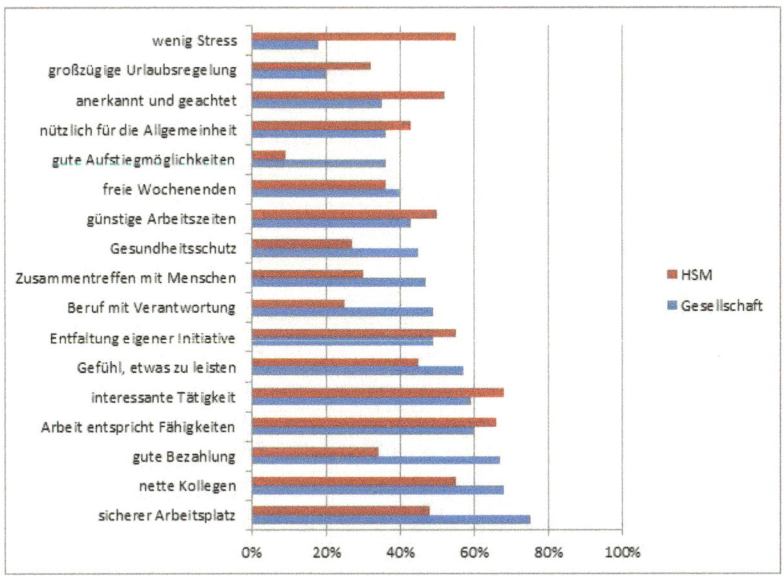

Anhand dieser Grafik lässt sich erkennen, dass HSM einen Beruf wählen, indem sie weniger Stress ausgesetzt sind und Anerkennung und Achtung erhalten, für das, was sie verrichten. Die Arbeit soll interessant sein und den Fähigkeiten entsprechen. Aufstiegsmöglichkeiten und gute Bezahlung spielen dabei eine untergeordnete Rolle. Die Sinnsuche und Selbstverwirklichung wird im Punkt "Entfaltung eigener Initiative" und "nützlich für die Allgemeinheit" deutlich. Deshalb gibt es bestimmte Berufsfelder, in denen sich HSM besonders wohl fühlen. Die Eigenschaft, dass diese Menschen gern alleine arbeiten und somit auch die besten Resultate erzielen, ermutigt viele dazu, sich selbständig zu machen. Dabei gilt die Hürde, sich ein Netzwerk mit anderen Menschen aufzubauen, als eher unproblematisch. In der heutigen Zeit kann man sich mit Briefen und E-Mails sehr gut verständigen oder man sucht sich eine vertraute extrovertierte Person, die an Konferenzen und anderem teilnimmt. Die freie Einteilung der Arbeitszeit und des Arbeitspensums, sowie die selbständige Klientenauswahl sind hier von Vorteil. Somit sind selbständige HSP im Durchschnitt zufriedener als unselbständige HSP (vgl. Skarics 2012, S. 203). Jedoch ist es auch hier der Perfektionismus, den es zu beachten gilt, damit selbständige HSM sich nicht ständig selbst unter Druck setzen. Denn auch in der Selbständigkeit gelten Wettbewerbdruck, eigene Grenzsetzung und hohe Flexibilität als ein Maßstab der Gesellschaft. Somit besteht die Gefahr, gerade für HSM, Schwierigkeiten zu bekommen. Dieses wird ausführlich im Punkt 5.1.2 beschrieben.

Auch im künstlerischen Bereich trifft man häufig hochsensible Menschen an, die sich zum Malen oder Schreiben von Texten eher zurückziehen. Wie schon in der Vergangenheit Elvis Presley, Charlie Chaplin und Hermann Hesse Spekulationen zufolge eventuell hochsensibel waren, sind es heute vielleicht Nena, Enya und Tim Bendzko (vgl. Harke 2015 a). Diese Künstler verarbeiten ihre Gedanken und Gefühle in ihren Texten, Videos und Bildern. In dem Buch von Elaine N. Aron "Sind Sie hochsensibel?", welches auf einer fünfjährigen Untersuchungsreihe basiert, wurde versucht, das Phänomen der Hochsensibilität im Beruf mithilfe von empirischen Methoden der psychologischen Forschung zu ergründen. Aron leitete eine Telefonstudie ab, in der sie 300 Menschen, die per Zufall ausgewählt wurden, befragte. Sie fand heraus, dass "[...] bei ungefähr 15 - 20 Prozent der Bevölkerung [...]" (Aron 2015, S. 10) das Merkmal der Hochsensibilität nachzuweisen ist. In Arons Befragung waren viele Berufsgruppen vertreten. Dabei gab es nur eine einzige Person, die Vertreter (für erlesene Weine) war und nur einen einzigen Immobilienmakler. HSP waren in folgenden Berufsgruppen stark vertreten: Landwirt, Tierpfleger, Kunsttischler, Psychotherapeut, Geistlicher, Schriftsteller, Künstler (sehr viele), Verleger, Humanwissenschafler, Röntgentechniker, Meteorologe und Buchhalter (vgl. Aron 2015, S. 194).

Des Weiteren wurde deutlich, dass eine Menge HSP in gut bezahlten Positionen tätig sind. Darunter waren Manager, Banker und hohe Verwaltungsbeamte. Die Gegenseite, nämlich Vollzeiteltern und Hausfrauen oder -männer waren laut Aron doppelt so viele. Aus diesem Grund vermindert sich das Durchschnittseinkommen innerhalb der HSP deutlich. Es ist also auch hier belegt, dass HSP häufig in unterbezahlten Jobs tätig sind. Aber gerade diese unbezahlten Arbeiten oder ehrenamtlichen Tätigkeiten sind für die Gesellschaft von großem Nutzen. Denn Sensibilität ist der Schlüssel einer guten Erziehung für Kinder und somit auch der Schlüssel für eine Zukunft (vgl. Aron 2015, S. 194).

In der Geschäftswelt sind HSM eher weniger gut aufgehoben, da dort genau diese Charaktereigenschaft von Menschen benötigt werden, die stark ungeeignet sind für HSM, wie zum Beispiel auffallen, laut sein, gesehen werden, erfolgsorientiert sein und ähnliche. Natürlich gibt es nicht den einen zugeschnittenen Beruf, in dem HSM am glücklichsten sind, denn jeder Mensch ist, wenn auch hochsensibel, verschieden. Viele HSM sind laut Marianne Skarics im sozialen Bereich zu finden. Dazu zählt die Pädagogik, Beratung, Mediation, die Psychologie und Therapie, die Pflege- und Sozialberufe, Kunst, Grafik, Design, Kreativberufe, Datenverarbeitung und Archivierung, Lektorat, Bibliothekare, Germanistik, Übersetzer, Autoren, Werbung, Religion, Esoterik und Lebensberatung (vgl. Skarics 2012, S.168). Im Bereich der Erziehung und Beratung ist somit auch der des "Sozialarbeiters", als ein beliebter Beruf für HSM, zu finden (vgl. Skarics 2012, S. 182).

5.1 Der hochsensible Sozialarbeiter

Wie im vorangegangenen Punkt beschrieben, ist es für HSP schwierig den "richtigen" Beruf zu finden. Mindestens genauso schwierig ist es für einen hochsensiblen Sozialarbeiter, den Sprung vom Studium ins Berufsleben zu wagen. Denn der Berufszweig der Sozialen Arbeit ist nochmals in viele Arbeitsfelder geteilt, in denen man tätig sein kann. Hochsensible Sozialarbeiter beschäftigen viele Fragen: "Möchte ich Vollzeit arbeiten?, Will ich mit Kindern, Jugendlichen, Erwachsenen oder doch älteren Menschen arbeiten?, Gefällt mir die Arbeit am Schreibtisch besser oder möchte ich lieber den ganzen Tag in Bewegung sein?" Die Palette an Möglichkeiten ist groß. Ein Sozialarbeiter (SA) kann beratend tätig sein, zum Beispiel in Erziehungsberatungsstellen oder er arbeitet erzieherisch in Tagestätten oder Heimen. In Volkshochschulen kann ein SA weiterbildend und gestalterisch wirken. Des Weiteren können die verschiedenen Klientengruppen im Alltag begleitet und unterstützt werden oder man übernimmt für sie verwaltende Aufgaben auf Ämtern. Genau hier wird das erste Problem für HSP sichtbar. Eine Entscheidung zu treffen, was man eigentlich will, fällt ihnen unglaublich schwer. Um dann die richtige Stelle zu finden, bedarf es oftmals Glück. Eine lange Suche, schlaflose Nächte und das innere Grübeln beginnen.

Bedauerlicherweise gibt es bis dato noch keine wissenschaftlich fundierten Studien in denen man beweisen kann, dass besonders viele HSP im Bereich der Sozialen Arbeit tätig sind. Es ist jedoch davon auszugehen und in Ansätzen belegt, dass Soziale Arbeit für HSP ein beliebter Beruf ist (vgl. Skarics 2012, S. 186). Die Gründe dafür liegen nach den oben genannten Charakterzügen auf der Hand. HSP haben ein großes Bedürfnis anderen zu helfen. Sie besitzen ein Gespür dafür, wenn andere leiden oder es Mitmenschen schlecht geht. Mithilfe der ausgeprägten Intuition spüren sie oft, was getan werden muss. "Aus diesem Grund wählen viele HSM einen Beruf, der im Dienst für andere steht" (Aron 2015, S. 199). Das dies auch Schwierigkeiten mit sich bringt, ist im Punkt 5.1.2 nachzulesen. HSP sind für soziale Tätigkeiten wie gemacht, da sie sich schuldig fühlen, wenn sie die Arbeit anderen (Nicht-Sensiblen) überlassen würden. "Die Motivation zum Helfen und Retten speist sich bei hochsensiblen Menschen also aus (mindestens) drei Quellen: Erstens sind sie empathischer, zweitens können sie sich weniger gegen das Leid in ihrer Umgebung abgrenzen, machen es quasi zu ihrem eigenen, und drittens gehören sie häufig zu denjenigen, die am schnellsten wissen, was zu tun ist. Aufgrund dessen kämpfen sie in Krisensituationen oft an vorderster Front" (Kern 2015).

Sie kämpfen auch um Gerechtigkeit und eine saubere Umwelt, nur eben nicht lautstark, sondern im Verborgenen. Das führt auch dazu, dass hochsensible SA denken: "Jeder, der über meine Arbeit Bescheid weiß, ist der Ansicht, ich sei unterbezahlt" (Skarics 2012, S. 58). Und das liegt wieder an der Bescheidenheit, die das Persönlichkeitsmerkmal nun mal vorgibt. Trotz alledem ist es eine Gabe, mit Intuition, Kreativität, Kooperationswilligkeit, Perfektionismus und einem Sinn für die Mitmenschen beziehungsweise Klienten, ausgestattet zu sein. Damit kann man annehmen, dass die Soziale Arbeit enorm an Wert zunimmt, wenn sie HSP beschäftigt. Ein hochsensibler SA zeichnet sich durch eine Fähigkeit aus, pflichtbewusst und sehr effizient zu arbeiten, indem er verantwortungsbewusst handelt und eine praktische und realistische Einstellung besitzt. Er kann mit Fakten umgehen und ist ein Organisationstalent. Außerdem zeigt er große Hilfsbereitschaft und Respekt zu den Vorgesetzten. Zu seinen Schwächen zählen der Widerwillen etwas neues auszuprobieren und eine hohe Sensibilität bei Kritik.

Ist die Atmosphäre im Team angespannt, kann ein hochsensibler SA nur schlecht arbeiten und fühlt sich schnell entmutigt, wenn er nicht mehr gebraucht wird (vgl. Skarics 2012, S. 189).

Im Folgenden sind zwei verschiedene Stellenangebote für einen Sozialarbeiter zu sehen. Wir behaupten, dass es sehr eindeutig ist, für welche Stelle sich ein hochsensibler Sozialarbeiter bewerben würde.

Stellenangebot 1

Wir suchen zum nächstmöglichen Zeitpunkt für unseren Fachbereich Jugend und Sport – Team Jugendarbeit eine/n Sozial-pädagogin/Sozialpädagogen

unbefristet, in Teilzeit (50%-Stelle), für den Aufgabenbereich Jugendsozialarbeit an der Grundschule Starnberg.

Aufgabenschwerpunkte:

-Beratung und Begleitung von Schülerinnen und Schülern in Problemsituationen

-Einzelfallhilfe und Krisenintervention

-Sozialpädagogische Gruppenarbeit

-Konzeption und Durchführung von Veranstaltungen und Projekten

-Öffentlichkeitsarbeit

Das erwarten wir von Ihnen:

-Erfolgreich abgeschlossenes Hochschulstudium der Sozialen Arbeit (Bachelor of Arts) oder zum/zur Diplom-Sozialpädagogen/in (FH) bzw. zum/zur Diplom-Sozialarbeiter/in (FH)

-die staatliche Anerkennung des Abschlusses ist von Vorteil

-Konfliktlösungskompetenzen

- persönliche hohe Belastbarkeit

-Entscheidungsfreude und Durchsetzungsfähigkeit

-Führerschein und Benutzung eines eigenen Fahrzeugs für Dienstfahrten

Das können wir Ihnen bieten:

-Eine verantwortungsvolle und eigenständige Tätigkeit in Verbindung mit einem sicheren Arbeitsplatz in einer modernen und dienstleistungsorientierten Behörde

-Sehr gute Fortbildungsmöglichkeiten

-In Wohnungsfragen und bei der Suche eines Betreuungsplatzes für Ihr Kleinkind sind wir gerne behilflich

-Bei Vorliegen der persönlichen Voraussetzungen können wir eine Ballungsraumzulage und/oder einen Fahrtkostenzuschuss gewähren

-Der Landkreis Starnberg und das Fünfseenland bieten einen hohen Kultur- und Freizeitwert

Die Einstellung erfolgt in Entgeltgruppe S 12 der Anlage C zum TVöD (Sozial- und Erziehungsdienst).

http://www.stellenmarkt-sozial.de/Detailed/36888.html, verfügbar am 13.10.2015

Stellenangebot 2

Betreuer/Betreuerinnen für stationäres Wohnprojekt gesucht!

Wir sind der Überzeugung, dass das eigene Familiensystem der beste Rahmen für das Aufwachsen eines jungen Menschen darstellt. Dieser Überzeugung folgen wir seit nunmehr 10 Jahren, weswegen wir bisher ausschließlich ambulant arbeiten. Die aktuellen politischen und gesellschaftlichen Veränderungen haben uns dazu bewogen, dass wir auch anderen Lebenssituationen Rechnung tragen wollen. Im 10. Jahr von empatis® haben wir ein stationäres Angebot konzipiert, ausgestattet und umgesetzt. Wie alle empatis® Angebote, begründet sich auch empatis® – Stationär auf den Prinzipien und Überzeugungen der systemischen Arbeit.empatis®

- Stationär unterstützt Kinder, Jugendliche, junge Erwachsene und Mütter mit Kind bei der Findung und Umsetzung ihrer individuellen Lebensentwürfe. Zur Unterstützung dieser anspruchsvollen Arbeit suchen wir:

Sozialpädagogen/Sozialpädagoginnen

Sie sollten:

-über Erfahrungen in der Kinder-, Jugend- und Familienarbeit besitzen

-vom systemischen Arbeitsansatz überzeugt sein

-Achtsamkeit, Respekt und Empathie als elementare Grundlagen Ihrer Arbeit bezeichnen

-Freiraum zur beruflichen Selbstverwirklichung suchen

-fähig sein, tragfähige und vertrauensvolle Arbeitsbeziehungen aufzubauen und zu halten

-selbständig und eigenverantwortlich Interagieren können und wollen

-Interesse an Freizeitaufgaben, wie der Arbeit mit Holz oder Metall, Arbeit mit Ton oder Lehm, Reparatur von Fahrrädern, künstlerischen Interessen sportlichen Aktivitäten etc. haben

Zu Ihren Aufgaben kann u.a. gehören:

-Alltaggestaltung von Kindern, Jugendlichen, jungen Erwachsenen oder Müttern mit Kind

-Kooperation mit Kindertagesstäten, Schulen, Berufsbildungseinrichtungen, Ausbildungsstäten oder Sprachinstitutionen

-enge Zusammenarbeit mit dem therapeutischen Fachpersonal

-Umsetzung eines kreativen und anregenden Betreuungskonzeptes unter Einbeziehung div. vorhandener Ressourcen

-Arbeit mit jungen Müttern und Unterstützung dieser bei der Übernahme elterlicher Verantwortung

-Beratung, Betreuung und Begleitung von jungen Menschen mit dem Ziel der Verselbständigung

Wir bieten:

-Bezahlung nach TVÖD SUE

-interessante und abwechslungsreiche Tätigkeit mit Gestaltungsspielräumen

-Mitarbeit in einem engagierten Team (mit Zusatzqualifikationen)

-regelmäßige Supervision, Kollegiale Beratung, Fallbesprechungen

-vielfältige von Fort - und Weiterbildungsmöglichkeiten

http://www.stellenmarkt-sozial.de/Detailed/37718.html, verfügbar am 13.10.2015

Wie schon anhand der Farbwahl zu erkennen, könnte das erste Stellenangebot für hochsensible Sozialarbeiter ziemlich abschreckend wirken, da es viele Charaktereigenschaften und Fähigkeiten anspricht, die einen HSM so gar nicht liegen. Es beginnt schon damit, dass die Arbeit in einer Grundschule stattfindet. Automatisch schießt einem "Lärm" und "viele Menschen" durch den Kopf. Dabei sehnen sich HSM eher nach Ruhe bei der Arbeit, um optimale Ergebnisse erzielen zu können. Weiter werden als Attribute die "Gruppenarbeit", "Veranstaltungen" und "Öffentlichkeitsarbeit" genannt. Auch hier heißt es, "sich zur

Schau stellen" und über einen längeren Zeitraum viele Menschen um sich herum zu haben, denen man etwas beweisen muss. Hört ein hochsensibler SA den Begriff "erfolgreich", kann dies enormen Druck auf ihn ausüben. Selbstverständlich ist es so, dass gerade HSP sehr erfolgreich sind oder sein können. Dennoch wollen sie sich damit nicht rühmen oder im Mittelpunkt stehen, um später nicht einem hohen Erwartungsdruck seitens der Arbeitgeber und Kollegen ausgesetzt zu sein. Deshalb verkaufen sich HSP auch ziemlich häufig unter ihrem Wert. Des Weiteren wird im Stellenangebot vom Bewerber verlangt, die Kompetenz zu haben, Konflikte zu lösen. HSP wissen um ihre Emotionalität und haben ein großes Harmoniebedürfnis. Daher scheuen sie Konflikte und Streitigkeiten. Außerdem sind sie, wie weiter oben schon erwähnt, selten entscheidungsfreudig und nicht sehr emotional belastbar, da Hochsensible viel mehr Reize als Normalsensible aufnehmen. Deshalb bedarf es mehr Zeit für Regeneration und zwar möglichst in geschützten, ruhigen Räumen. Daher scheint das zweite Stellenangebot viel attraktiver für hochsensible Sozialarbeiter zu sein. Hier wird sogar mit einem eigenen Büro, Supervision, Freizeit- und Sportangeboten geworben, sowie mit Freiraum zur Selbstverwirklichung, indem man eigenverantwortlich und kreativ tätig sein kann. Die Attribute "Achtsamkeit, Respekt, und Empathie" entsprechen der Harmoniebedürftigkeit und unterstreichen die hochsensiblen Charaktereigenschaften. Doch ob ein Job "perfekt" ist oder die berufliche Erfüllung bringt, wird von jedem individuell beurteilt. Gerade in der sozialen Arbeit kann es für einen HSP unerträglich werden, nicht die passende Arbeitsstelle zu haben.

5.1.1 Schwierigkeiten und Herausforderungen

"Da musst du durch" oder "Da musst du drüber stehen", diese Sprüche aus dem Bekanntenkreis hat wohl jeder HSM schon einmal zu hören bekommen. Nur hilft es eben nicht immer, alles "runter zu schlucken". Problematische Rahmenbedingungen am Arbeitsplatz, wie ungünstiges Licht, akustische Dauerbelästigung, starke Gerüche und zu wenig Freiraum, können hochsensible SA täglich belasten. Untersuchungen zufolge sind insbesondere im Allgemeinen Sozialen Dienst in den kommunalen Jugendämtern diese genannten Schwierigkeiten zu spüren (vgl. Hielscher 2013). Die Fallzahlen steigen und die Einzelfälle werden komplexer und schwieriger (vgl. Statistisches Bundesamt 2015, S. 1). Die sozialpädagogischen Fachkräfte gelangen an ihre Grenzen und müssen daher mehr Kontrolle und Druck ausüben. Dies widerspricht hochsensiblen SA sehr und kann diese krank machen, wenn sie nicht rechtzeitig die "Notbremse ziehen" und kündigen. Das dies der Fall ist, belegt der Fachkräftemangel in der Jugendhilfe (vgl. Arbeitsgemeinschaft für Kinder und Jugendhilfe 2011, S. 1 ff.). Doch bevor ein hochsensibler SA aufgibt und kündigt, durchläuft er einige Qualen und hofft doch noch auf Veränderungen. Das führt dazu, dass die ständige Angst zu versagen und das Gefühl mit einem Makel behaftet zu sein, ein permanenter Begleiter bei der Arbeit sind. Genau aus diesem Grund setzt der Hochsensible alles daran, es immer allen recht zu machen. Das wiederum führt dazu, das viele Vorgesetzte, Chefs und Kollegen immer mehr Aufgaben an den hochsensiblen Angestellten vergeben. Es entsteht mit der Zeit nicht das Gefühl "gebraucht zu werden", sondern der Fähigkeit wegen, ausgenutzt zu werden. "Schüchterne Menschen hoffen oft, anerkannt zu werden, wenn sie nur lange genug zeigen wie kompetent sie sind" (Skarics 2012, S. 58). Doch leider bringt dies nicht mehr Geld auf dem Konto oder mehr Anerkennung bei den Kollegen. Das Streben nach mehr Leistung, langen Arbeitszeiten, verlangter Konfliktbereitschaft und Verkaufsbereitschaft stressen einen hochsensiblen SA immens. Das bringt HSP in ein Dilemma. Sie streben unentbehrlich nach Erfolg und haben dennoch Angst vor dem großen Durchbruch. Oder ist es die Angst vor dem Misserfolg, den man erleiden könnte? Die gute Intuition und die feinen Antennen sorgen nicht nur dafür, dass HSP immer den richtigen "Riecher" haben, sondern auch dafür, dass noch mehr negative Dinge, die im Job täglich anfallen, wahrgenommen werden. Diese ständige hohe Erwartung an sich selbst, `bloß nicht gewöhnlich zu sein` und immer das Beste zu erreichen, lässt so manchen hochsensiblen SA an seine Grenzen gehen. Eine weitere Schwierigkeit ist, dass ein Hochsensibler oft als Außenseiter betrachtet wird, beziehungsweise sich selbst fehl am Platz fühlt und sich dann auch von Kollegen isoliert. Hält dieser Zustand der "gefühlten Einsamkeit", Versagensangst und permanenter Überarbeitung lange an, kann das negative Folgen für die Gesundheit des Hochsensiblen Menschen mit sich bringen.

Es besteht zum Beispiel die Gefahr von "Burnout". "Freudenberger beschrieb Burnout als Ausbrennen im Beruf, als einen Zustand körperlicher, emotionaler und geistiger Erschöpfung [...] eine geistige Leere, einhergehend mit völliger körperlicher Erschöpfung und den Gefühlen von Hilflosigkeit, Hoffnungslosigkeit und dem Gefühl gefangen zu sein" (Skarics 2012, S. 85). Gerade in Berufen bei denen viel mit Menschen gearbeitet wird, ist man als Träger des Persönlichkeitsmerkmals der HS stark gefährdet, an diesem "Ausbrennen" zu erkranken (vgl. Skarics 2012, S. 87). In der Sozialen Arbeit tarieren die Fachkräfte ständig die Balance von Nähe und Distanz mit dem Klientel, den Mitarbeitern und Vorgesetzten aus. Dieser Akt und die tiefen Einblicke, die man während der Arbeit in sämtliche Menschenschicksale erlangt, überfordern einen hochsensiblen SA schnell. Die Symptome sind hier sehr vielfältig und reichen von Schlafstörungen über Magen - Darm - Beschwerden bis hin zu weitreichenden Familienproblemen und Isolierung von der Umwelt (vgl. Skarics 2012, S. 88). Hierzu gibt es verschiedene Interventionsansätze, die im Punkt 5.1.2 und 5.2.3 beschrieben werden.

Dr. Marianne Skarics spricht in ihrem Buch an, dass besonders HSM in ihrem Berufsalltag häufig Mobbing erfahren, da diese als schwach angesehen werden. "Beim Mobbing handeln Arbeitskollegen oder Vorgesetzte über einen längeren Zeitraum systematisch feindselig gegen einzelne, unterlegene Personen. Ziel oder Effekt des Mobbings ist der Ausstoß des Gemobbten aus dem Arbeitsverhältnis" (Skarics 2012, S. 62). Selbst Persönlichkeiten, die sich als stabil einschätzen, kommen damit nicht zurecht. Einem hochsensiblen SA wird dies deshalb noch mehr zusetzen. Nun könnte man glauben, dass das im sozialen Bereich eher selten vorkommt, da man meint, dass gerade dieses pädagogische Fachpersonal wissen müsste, wie sich ein Mobbingopfer fühlt. Doch laut dem Mobbingreport haben Sozialarbeiter mit Abstand das größte Risiko, davon betroffen zu sein (vgl. Russau 2012). Dies bestätigt auch Dr. Possnigg, Facharzt für Neurologie und Psychiatrie: "Das schaukelt sich so auf. Man merkt: `Der ist sensibel, der versucht sich abzugrenzen und seine Grenzen zu wahren und genau deswegen lasse ich es nicht zu.` Die Hochsensibilität ist sicher ein wichtiger Faktor, warum Leute gemobbt werden und warum es sie so quält" (Skarics 2012, S. 67). Da HSP die Ellenbogentaktik fehlt, bieten sie eine große Angriffsfläche, um dafür auserwählt zu werden, das "Opfer" zu sein. Des Weiteren sind hochsensible SA prädestiniert dafür, in eine Suchterkrankung hinein zu rutschen. Diese These ist zwar noch nicht wissenschaftlich belegt, jedoch spricht es für sich. Um Gefühle des Stresses und der Überarbeitung zu "betäuben", liegt der Griff zum Alkohol oder zu Tabletten nahe. Besonders Hausärzte, die sich noch nicht mit Hochsensibilität beschäftigt haben, sind schnell daran einem HSM Antidepressiva oder Schlaf- und Beruhigungsmittel zu verschreiben, um nervliche Übererregung in den Griff zu bekommen und Depressionen zu lindern. "Alkohol und Opiate setzen unser Erregungsniveau herab, Koffein und Amphetamine steigern es. Alle machen abhängig" (Aron 2015, S. 300).

Sieht man sich nun diese Liste an Herausforderungen an, die ein hochsensibler SA zu bewältigen hat, kommt man zu der Frage: Was kann ein HSP tun, um diese Gefahren zu verhindern und sich im sozialarbeiterischen Alltag wohl zu fühlen?

Ein hochsensibler SA, aber auch jeder andere HSM, kann bereits in seinem Sozialleben beginnen, Unbehagen aus der Welt zu schaffen. Man muss lernen, wie man mit Situationen, die einen überfordern, umgehen kann, ohne in Panik auszubrechen oder wie in dem oben erwähnten Hochsensiblen - Film "Die anonymen Romantiker", aus Angst einfach wegzulaufen. Schon der Smalltalk auf der Straße mit Nachbarn oder auf Arbeit mit Kollegen kann vorher eingeübt sein, um das Eis und die unangenehme Situation zu brechen. Dabei kann ein HSM selbst entscheiden, ob er mit seinem Gegenüber lieber reden möchte oder einfach nur zuhört. Eisbrecherfragen, wie "Das Wetter gefällt mir gar nicht. Da wachsen meine Pflanzen schlecht. Haben Sie auch einen Garten?" können ein Einstieg in ein Thema sein, dass dem HSM selbst gefällt und liegt. Somit behält der HSM die Kontrolle über die Themen, die angesprochen werden. Spürt der HSM, das ihn ein Thema belastet, kann er sich freundlich verabschieden und aus der Situation gehen (vgl. Aron 2015, S. 175). Des Weiteren ist es von Vorteil wenn man sich die Namen seiner Gesprächspartner versucht zu merken und, auch wenn es schwer fällt, in Gesprächen übt, kleinere Bitten zu äußern, wie zum Beispiel: "Können Sie mir Informationen zu meinem Projektthema geben?". Ein HSM kann sich dabei immer vor Augen halten, dass die Frage schnell gestellt ist und andere Menschen sich oft freuen, wenn ihre Hilfe benötigt wird oder sie zu einem bestimmten Thema etwas beitragen können (vgl. Aron 2015, S. 176). Das Nächste, was es zu erlernen gilt, sind Situationen in denen man sich und seine Arbeit "verkaufen" muss, wie zum Beispiel ein Bewerbungsgespräch. Auch hier ist es notwendig, dem Gegenüber mit seiner Art zu überzeugen und die eigenen Stärken in den Vordergrund zu stellen. Dabei kann man getrost darauf zu verzichten, ein schlechtes Gewissen zu haben, wenn man nach dem Gehalt gefragt wird und sich wieder einmal denkt: "Meine Arbeit ist doch gar nicht so viel wert. Es ist besser wenn ich nicht so hohe Gehaltsvorstellungen habe." Jeder, auch der Vorgesetzte, weiß, dass es in einem Job um Geld geht und man dies zum Lebensunterhalt benötigt (vgl. Aron 2015, S. 177).

Zugegeben, es ist für einen HSM äußerst schwierig, Kritik zu äußern. Doch wenn man weiß, wie man es "verpacken" muss, kann ein HSM sein Durchsetzungsvermögen und Selbstwertgefühl steigern. Es ist wichtig, sich vorher zu überlegen, welche Reaktionen beim Gegenüber auftreten können und wie man darauf reagieren möchte.

Der nächste Punkt lässt vor allem introvertierten HSM schon beim Lesen die Schweißperlen auf die Stirn treiben: Wie kann man sich in großen Gruppen aufhalten und gar vor Publikum sprechen? Die Antwort lautet: Vorbereitung, Vorbereitung, Vorbereitung. Es ist nicht nötig, sich aus Höflichkeit zurück zu halten und still in der Ecke zu sitzen, denn so wird ein HSM nur noch interessanter für die anderen. Es ist durchaus sinnvoll, zu sagen, dass man sich allein durch Zuhören als ein Teil der Gruppe empfindet oder das man sich erst äußern möchte, wenn man eine Weile Bedenkzeit hatte. Den großen Auftritt üben HSM schon von Natur aus, um sich Sicherheit zu schaffen. Hilfreich ist es, sich Notizen zu machen und auf mögliche Fragen, die gestellt werden könnten, gefasst zu sein. Meistens ist die Situation für die Zuhörer ebenfalls unangenehm und diese wissen, was man empfindet, wenn man vor vielen Leuten sprechen muss (vgl. Aron 2015, S. 180).

Hat ein hochsensibler SA nun seine Berufung in der Sozialen Arbeit gefunden, so kann dieser einiges dafür tun, um möglichst lange gesund arbeiten zu können. Es ist ein großer Fortschritt zu wissen, dass man seiner Herzensangelegenheit, nämlich anderen Menschen hilfreich beiseite zu stehen, nachgehen will und der Welt einen wertvollen Dienst erweisen möchte. Fakt ist, niemand, auch kein SA muss eine Arbeit annehmen, die für ihn erheblichen Stress und enorme Überreizung bringt. Es gibt sicherlich andere Menschen, die sich bei einer für hochsensible ungeeigneten Tätigkeit sehr wohl fühlen würden. Genauso wenig ist es notwendig, ständig Überstunden zu machen. Um gesund und zufrieden zu bleiben, muss ein hochsensibler SA seine Grenzen kennen und auch der Tatsache ins Auge sehen, dass man nicht unbedingt Vollzeit arbeiten muss, sondern sich genug Zeit für Regeneration und Pausen geben kann, um effektiver arbeiten zu können. Damit man anderen Menschen wirklich hilft, muss ein hochsensibler SA sein eigenes Erregungsniveau immer wieder ausbalancieren und wissen, wann es Zeit für eine Pause ist. Das bedeutet auch, zu beachten, dass man konsequent Feierabend macht, auch wenn es noch so unendlich viel zu tun gibt. Übermäßiges Arbeiten, auch wenn dies für den HSM positiver Stress sein kann, zerrt an den Nerven. Erholung und Arbeit müssen stets in Waage gehalten werden. Die meisten hochsensiblen SA haben trotz Pausenzeit schon wieder die nächsten Schritte im Kopf und durch das große Einfühlungsvermögen gibt es dann auch im Privatleben von Freunden und Kollegen noch Probleme, denen sich ein HSM oft verpflichtet fühlt. "Professionelles Abgrenzen" ist der Stichpunkt, um zu "überleben". Dafür benötigt ein HSM zunächst einmal Klarheit darüber, was ihm wichtig ist und wie nah man einen anderen Menschen an sich heranlassen will. Dabei gilt es auch, sich permanent vor Augen zu führen, in welcher Rolle oder Aufgabe man sich befindet. Ist es notwendig, einer entfernten Bekannten nach Feierabend eine Extrastunde Eheberatung zu geben? Oder wäre es nicht von Vorteil, wenn sie selbst in eine Beratungsstelle gehen würde? Hier muss ein hochsensibler SA auf seine Körpersignale und eigene Befindlichkeit hören. Fühlt man sich bereits ausgelaugt, dann ist es besser, solch ein Anliegen zu verschieben oder abzugeben. Nur dadurch kann eine Ausgewogenheit zwischen Beruf und Privatleben zustande kommen ("Work - Life - Balance"). Letztendlich dient das dann auch den Kollegen, Freunden und Klienten, denn man schützt seine eigene Person und erfüllt seinen Auftrag. Besonders ein hochsensibler Mensch muss vom Wert seines Wesenszuges überzeugt sein, ihn schätzen und schützen (vgl. Hausknecht 2012, S. 9).

In Situationen in denen die Versuchung besteht, schwach zu werden, kann man sich Erfolgsanker setzen. Dies ist eine psychologische Methodentechnik und nennt sich Neurolinguistisches Programmieren (NLP). Hierbei denkt man an eine schöne Situation in der man Erfolg hatte, zum Beispiel an den `Abiturabschlussball´ oder die Abholung des `Führerscheins nach bestandener Fahrprüfung´. Wenn möglich, verbindet man dies mit einem Bild, einer Farbe, einem Geruch oder Geräusch. Zum Beispiel war das `Fahrschulauto rot` So sammelt man alles, was einem in dieser Situation positiv vorkam, nimmt eine gerade Körperhaltung ein, atmet tief durch, und konditioniert dies mit einer Bewegung oder zum Beispiel einem `Drücken des Oberschenkels`. Man aktiviert also den Erfolgsanker, wenn man nun an die Farbe `rot´ denkt oder sich den `Oberschenkel drückt´. Das vorher negative Gefühl wandelt sich nun ins Positive (vgl. Aron 2015, S. 59 ff.).

Von erheblicher Bedeutung ist es, im sozialarbeiterischen Berufsalltag effektiv zu kommunizieren, um nicht ausgenutzt zu werden und um seine Kompetenzen zeigen zu können. Mithilfe guter Kommunikation kann ein HSM Grenzen setzen und "nein" sagen. Dazu gehört nicht nur ständig zu reden, sondern auch empathisch seinem Klienten oder Kollegen zuhören zu können. Das ist die Stärke eines hochsensiblen SA. Beim sogenannten "Spiegeln", also in eigene Worte fassen, was man verstanden hat, gelangt man zu einer gleichberechtigten und respektvollen Kommunikation. Zu beachten ist, den Anderen nicht zu unterbrechen und nur ein Thema zu besprechen, um sich selbst nicht zu überfordern. Dabei sollte man ruhig und freundlich sprechen und die Meinung des Anderen respektieren (vgl. Skarics 2012, S. 61).

Um nun den Bogen zu spannen, ist es dennoch notwendig, sich nicht nur mit seiner eigenen Hochsensibilität zu beschäftigen. Im Alltag eines Sozialarbeiters gibt es sehr viele Klienten mit dem Persönlichkeitsmerkmal der Hochsensibilität.

Was macht diese Klienten aus? Warum suchen sie uns Sozialarbeiter auf? Und wie können wir den hochsensiblen Klienten helfen, wieder "ihren Weg" zu gehen?

5.2 Der hochsensible Klient

Was das Persönlichkeitsmerkmal der Hochsensibilität ausmacht, wurde auf den vorangegangenen Seiten ausführlich beschrieben. Nun möchten wir einmal ergründen, welche Themen einen hochsensiblen Klienten beschäftigen und unter welchem Leidensdruck sie stehen müssen, um zum Beispiel eine Beratungsstelle erst einmal aufzusuchen.

Als Klient bezeichnet man seit dem 20. Jahrhundert die Adressaten der Sozialen Arbeit. „Signalisiert wird mit diesem Sprachgebrauch, dass es sich bei der Klientelbeziehung um eine asymmetrische Arbeitsbeziehung handelt, in der fachlich geschulte Professionelle anderen Menschen zeitlich und inhaltlich begrenzt Hilfe und Unterstützung in persönlichen Lebensfragen bieten" (Großmaß 2009, S. 2).

5.2.1 Die Hilfesuche

Finden Sozialarbeiter und Klient in der Einzelfallhilfe zueinander, liegen unterschiedliche Anlässe auf beiden Seiten vor. Meist handelt es sich hierbei um eine private Problemsituation des Klienten, die in aller Regel umweltbedingt und sozialstrukturell ist, somit also systemisch betrachtet werden muss. Auch beim Sozialarbeiter liegen strukturelle Rahmenbedingungen und individuelle Erlebnisse oben auf, ohne die kein berufliches Handeln möglich wäre. Wie bereits erwähnt, könnten hochsensible Klienten aufgrund von Problemen wie Mobbing, Burnout, Stress und der Frage nach dem "Wer bin ich?" eine Beratungsstelle aufsuchen. Häufig muss das Anliegen jedoch erst einmal genau herauskristallisiert werden, denn viele Klienten, welche hochsensibel einzuschätzen sind, wissen gar nichts von ihrer einzigartigen Persönlichkeit. Sie fühlen sich "anders" und versuchen sich krampfhaft an die Lebenswelt der Normalsensiblen anzupassen, was zu schweren Krisen führen kann. Benannt werden Probleme in den Bereichen Schule, Ausbildung, Studium, Beruf, Beziehungen und der eigenen Persönlichkeit. Im Beratungsanliegen geht es daher des Öfteren um Depressionen, Ängste, Konflikte oder störende Lebensgewohnheiten, die dem Klienten "unnormal" oder "krankhaft" erscheinen. Bei den Mitmenschen stoßen HSM auf Unverständnis und hören von ihrem normalsensiblen Gegenüber Dinge wie "Du steigerst dich viel zu sehr da rein". Diese Probleme, die für den hochsensiblen Klienten als riesige, unüberwindbare Berge erscheinen, sind für andere kleine Hügel, wenn sie überhaupt als Problem gelten. Das wirkt im besonderen Maße kränkend auf Hochsensible. Sie fühlen sich nicht ernst genommen und allein gelassen und das wiederum verstärkt das Grundgefühl von "Hilflosigkeit". Man gerät in ein "Gedankenkarussel" und in einen "Strudel der Gefühle". Von oben betrachtet ist es jedoch vollkommen logisch, dass Menschen die feinere Antennen haben, auch Probleme viel mehr tangieren und an sich heran lassen. Ist der hochsensible Klient zu tief in seinen Gedanken versunken und hat wenig Unterstützung von seinen Mitmenschen, so ist der erste wichtige Schritt, sich neutrale Hilfe von geschulten, professionellen Fachkräften, wie Sozialarbeitern zu suchen. Die große und spannende Frage ist nun: Wie erkennen wir als Sozialarbeiter hochsensible Klienten? Dazu ist es notwendig zu wissen, dass es eben einen gewissen Anteil an Menschen in der Gesellschaft gibt, die dieses Persönlichkeitsmerkmal in sich tragen. Weiß man über die Existenz dieses Phänomens, fällt es nicht allzu schwer, dieses heraus zu finden. Wie im Punkt 2.4 und im Anhang zu finden, gibt es Fragebögen zur Selbsteinschätzung, die über eine mögliche Hochsensibilität Aufschluss geben können. Aber auch durch intensive Gespräche kann dies erkannt werden. Betroffene Klienten beklagen, dass sie Menschenansammlungen, Einkaufsbummel in der Stadt oder laute Musik als Stress empfinden. Es ist feststellbar, dass diese Klienten nicht in der Lage sind, so viel zu "ertragen" wie andere. Gerade die introvertierten HSM halten sich im Gespräch oft zurück und man schätzt sie als ängstlich oder schüchtern ein. Und gerade diese Annahme ist laut Dr. Aron falsch. Diese Menschen sind nicht schüchtern und Schüchternheit kann auch nicht vererbt werden, sondern nur die Sensibilität (vgl. Aron 2015, S. 148). Hochsensible Klienten werden von der Gesellschaft und ihren Mitmenschen schüchtern gemacht. Es ist wie eine selbsterfüllende Prophezeiung. Aron sagt dazu: "Zum einen ist sie völlig ungenau, denn sie beschreibt nicht Ihr wahres Ich, Ihre Feinfühligkeit und Ihre Schwierigkeiten in Bezug auf nervliche Übererregung" (Aron 2015, S. 149).

Schließlich können dann die Überstimulationen und Überreizungen bei diesen Klienten soweit führen, dass eine transmarginale Hemmung eintritt. Diese beschrieb Iwan Pawlow Anfang des 20. Jahrhunderts. "Er war davon überzeugt, dass der grundlegendste, vererbbare Unterschied zwischen Menschen darin besteht, wie schnell bei dem Einzelnen diese Schwelle erreicht wird, und dass das

Nervensystem derjenigen, die sie schnell erreichen, ganz anders funktioniert" (Aron 2015, S. 31).

Haben hochsensible Klienten zudem eine problematische Kindheit oder Jugend hinter sich, ist das Risiko für Depressionen, Angst und sogar Selbstmord höher als bei Normalsensiblen (vgl. Albrecht 2014). Diese Tendenz kann ein einfühlsamer Sozialarbeiter verändern, indem er sich seinem Klienten zuwendet, ihn wertschätzt und beobachtet. Vor allem aber, ihn von seiner Einzigartigkeit überzeugt.

5.2.2 Neubewertung des Lebens

"Herzlichen Glückwunsch, Sie sind hochsensibel!"

Und genau jetzt, stellt sich für den hochsensiblen Klienten beziehungsweise Menschen die Frage: Ist das nun gut oder schlecht? Bin ich verrückt oder krank oder hochbegabt?

Eins ist klar, hochsensible Menschen sind keine Menschen von einem anderen "Stern". Sie sind auch nicht "besser" als andere Menschen und brauchen keine "artgerechte" Haltung, wie ein Tier einer äußerst seltenen Gattung. Des Weiteren ist die Konstellation "Diagnose Hochsensibel", die in einigen Pressetexten zu finden ist, äußerst unpassend und viel zu krankheitslastig. Hochsensibilität ist keine Krankheit, sondern ein Charakterzug. Genau deshalb ist es ein wichtiger Schritt, zu der Erkenntnis zu gelangen, hochsensibel zu sein. In Internetforen haben wir versucht heraus zu finden, welche spontanen Reaktionen die betroffenen Menschen von sich gaben, als sie von ihrem besonderen Persönlichkeitsmerkmal erfahren haben. Zwei Beispiele sollen verdeutlichen, was in den Menschen vor sich ging, als sie bemerkt haben, dass sie nicht allein mit ihrer vermeintlichen „Andersartigkeit" sind:

von Ferun » So 18. Okt 2015, 20:20

„Hallo von Ferun aus dem Norden,

ich lese seit einiger Zeit sprachlos, begeistert und mitfühlend mit. All das, weil ich mich noch nie zuvor so sehr in etwas wiedererkennen konnte. Das Thema HSP ist noch recht neu für mich, und ich lese nun sehr viel darüber, und möchte wissen "wie, warum" und vor allem "wer noch?".

Mir geht es wie vielen hier. Seit der Kindheit begleitet mich das Gefühl des "anders seins". Laute Geräusche, grelles Licht, viele, laute Menschen, Straßenlärm, Großstädte, Reizdarm, Migräne, Gerüche...alles belastende Dinge bei mir. Nicht zu vergessen die ungesagten Worte der Mitmenschen. Mein ganzes Leben ist geprägt von diesem Gefühl des zusammenreißen müssens. Nie wirklich dazu gehören zu können. Durchhalten müssen, Situationen aushalten, Gespräche aushalten...der Umgebung alles recht machen wollen. Sich nicht genug regenerieren können. Je mehr ich über HSP lese, desto mehr finde ich zu mir selbst. Und desto mehr erkenne ich mich selbst. Und nach so vielen Jahren aushalten und sich selbst für komisch halten, kann ich mich immer mehr akzeptieren...und alle merkwürdigen Fähigkeiten die man so hat ;-)

Kurz zu mir, ich bin 33 und lebe im Norden Deutschlands. Ich liebe die Natur, Tiere jeglicher Art und bin eigentlich gerne unter Menschen...wenn es nicht zu viele sind ;-)

Es ist schön nach so vielen Jahren, in denen man wußte das irgendwas anders sein muß, endlich eine Spur gefunden zu haben. Und ein Forum wie dieses hier!

Liebe Grüße,

Eure Ferun"

(http://www.treffpunkt-hochsensibilität.de/11590502nx46300/vorstellungsrunde-f6/hallo-aus-dem-norden-t7852.html, verfügbar am 29.10.2015)

Den meisten HSM geht es ähnlich und sie meinen, sie müssten ihre Hochsensibilität an das Leben anpassen. Es kann auf Dauer nicht gut sein, Emotionen zu unterdrücken, Wahrnehmungen zu verschweigen und wie oben beschrieben, immer auf der Flucht zu sein und wegzulaufen. Richtig ist, dass Hochsensible lernen müssen, ihr Leben, so gut es geht, an ihre Hochsensibilität anzupassen. Selbstverständlich bedeutet das auch, Veränderungen vorzunehmen und alte Gewohnheiten zu durchbrechen. Es beginnt ein Prozess, indem der HSM seine ganze Vergangenheit neu sortieren muss und durch eine andere "Brille" sehen muss. Nun setzt sich der Individuationsprozess fort und das heißt: "Dieser Prozess besteht aber auch darin, insbesondere jene Stimmen oder Schwingungen in uns Gehör zu schenken, die wir bis jetzt gemieden, verachtet, ignoriert oder verleugnet haben" (Aron 2015, S. 247). Enge Beziehungen und das miteinander reden sind wichtig um zur Selbstfindung zu gelangen. Dabei muss ein HSM immer wieder seine Grenzen wahren, um nicht einen hohen Preis dafür zu bezahlen. Ein wichtiger Begriff, der aus der systemischen Familientherapie stammt, ist das "Reframing" und "[...] bedeutet, etwas in einen neuen Bezugs-rahmen zu setzen [...] Reframing ist eine einfache und wirksame Methode, um [...] Ereignisse im Lichte unseres heutigen Wissens über unsere Veranlagung in einem neuem und freundlicheren Licht zu sehen" (Skarics 2012, S. 159). In ei-ner ersten Phase erinnert sich die Person an eine Situation aus der Vergangen-heit, die ihm, im Bezug auf die Sensibilität, belastend vorkam. Danach setzt man in Phase zwei, im Geist die neue "Brille der Hochsensibilität" auf, welche voll von neuem Wissen ist und gleicht die damalige Erfahrung mit dem früheren, unreifen Selbst ab. Dabei spricht man diese Erinnerungen aus der Vergangenheit auch aus. In der dritten Phase kann man dann Handlungsimpulse für die Gegen-wart ableiten. Wie würde man sich heute in dieser Situation verhalten? Diese Ausrichtungsprozesse können, bis sie wirklich abgeschlossen sind, wahrschein-lich einige Jahre andauern. Dazu muss ein HSM sich ausreichend Zeit nehmen und lernen, sich und seine Sensibilität wert zu schätzen. Erst dadurch kann man aus Stolpersteinen auch Meilensteine schaffen.

Im Laufe unserer Recherchen sind wir auf Frau Dr. phil. Anne - Barbara Kern gestoßen, die im Internet die Webseite "www.hochsensibelsein.de" betreibt und wahrlich eine Fachfrau auf dem Gebiet der HS ist. Sie coacht Menschen, die das Persönlichkeitsmerkmal besitzen und hilft ihnen aus Lebenskrisen heraus. Frau Kern hat sich viel Zeit für die Beantwortung unserer Fragen, die wir ihr per E-Mail zukommen ließen, genommen. Im Anhang können ihre Antworten auf un-sere Fragen eingesehen werden (Anlage 3). Sie berichtet, dass sie sehr viele Kli-enten hat, die Sozialarbeiter sind und die meisten beim Erstkontakt schon wis-sen, dass sie hochsensibel sind. Dennoch führt sie auch manchmal noch Tests mit ihren Klienten durch, um ihnen zu verdeutlichen, dass sie hochsensibel sind und um über die Fragen, Gesprächseinstiege zu finden. Sie beschreibt, dass die Reaktionen der Menschen oft heftig sind und die Klienten dankbar sind, endlich Erklärungen auf Fragen zu finden, die sie meist ein Leben lang beschäftigt ha-ben. Somit tritt häufig eine sofortige Neudeutung der Vergangenheit ein. Wich-tig hierbei ist es, die Reaktionen geschlechterdifferenziert zu betrachten. Auch die Männer sind sehr erstaunt wenn sie erfahren hochsensibel zu sein, jedoch wenden einige sich schnell wieder von dem Thema ab, um sich nicht in der Männerhierarchie als hochsensibel "outen" zu müssen und um nicht angreifbar und verletzbar zu wirken. Desweiteren beschreibt Frau Kern Unterschiede in den Reaktionen bei verschiedenen Altersgruppen. Für Menschen jüngeren und mittleren Alters ist die Erkenntnis der HS eine positive Erfahrung. Für über 55 - jährige kann das neu gewonnene Wissen, um das besondere Persönlichkeitsmerkmal, sehr schmerzhaft sein, weil sie denken, ihr ganzes Leben vergeudet zu haben, nicht auf ihre innere Stimme gehört zu haben. Sie hätten vieles in der Vergangenheit anders gemacht, wenn sie davon schon eher erfahren hätten. Ist der Prozess des Reframings dann vorbei, stellt sich laut Frau Kern bei den Klienten eine Ratlosigkeit ein, wie denn nun der Alltag mit der neuen Erkenntnis umstrukturiert werden soll. Besonders in dieser Suchphase landen viele auf ihrer Internetseite. Da beginnt Frau Kerns eigentliche Arbeit. Sie bietet Coachings und Gespräche an und schreibt in einem Blog, also einem öffentlich einsehbarem Tagebuch, auf ihrer Webseite. Zu ihr finden meist die besonders "schweren Fälle": Menschen mit einer problematischen Vergangenheit oder in aktuell bedrohlichen Situationen, die kurz vorm Burnout oder Depressionen stehen oder schon davon betroffen sind. Den meisten reicht ein kurzer Onlinekurs als Erstversorgung aus. Dabei kann man zwei Typen von Klienten erkennen: Die einen, die versuchen ihr Leben neu zu ordnen, um sich auf ihre Hochsensibilität einzulassen und somit nach und nach mehr Lebensqualität erlangen. Die anderen, die sich zurückziehen und sich nicht mehr in die "Welt heraus" trauen. Das macht die zweite Klientengruppe nur noch unglücklicher, da das Leben ohne die Umwelt sinnlos erscheint. Was können hochsensible Menschen nun konkret tun, um ihr Leben so ausbalanciert wie möglich zu gestalten?

5.2.3 Möglichkeiten der Hilfe

Im Netz kursieren viele Bücher, die die Hochsensibilität in ein Licht stellen, welches das Persönlichkeitsmerkmal als ein Makel oder etwas, das einer Erkrankung ähnelt, darstellt. Somit bleiben viele mit der Erkenntnis hochsensibel zu sein, in einem Denken stecken, dass ihnen nie wahre Lebensqualität zugestehen wird. HSM brauchen von Geburt an mehr Verständnis, Anerkennung, Austausch und Kommunikation.

Der erste Schritt kann sein, sich nicht an dem zu messen, was in der nach Leistung strebenden Gesellschaft verlangt wird, sondern man beginnt, sein eigenes Leben mit eigenem Tempo zu führen. Das bedeutet natürlich auch, dass man sich nicht komplett zurückziehen kann. Denn HSM und normalsensible Menschen bedingen sich gegenseitig.

Es wird im Leben von HSM immer wieder Zeiten geben, in denen alles zu viel wird und sie Hilfe benötigen. Frau Dr. Kern hat dies als "Hirnrasen" bezeichnet (vgl. Kern 2015 a). Durch den genetisch bedingten, erhöhten Glutamatstoffwechsel wird die Übertragung von Nervenreizen beschleunigt. Doch dieses "Hirnrasen" kann man versuchen aufzulösen, um zum Beispiel wieder zu einer besseren Schlafqualität zu gelangen. Als erste wichtige Erkenntnis beschreibt Frau Dr. Kern die Bedeutung und Wichtigkeit sich selbst ernst zu nehmen. Bei Normalsensiblen ist das sorgenvolle Durchdenken von Tagesereignissen kurz vor dem Einschlafen ein Warnsignal. Als HSM wird man oft von seinem eigenen Gehirn "ausgetrickst". Man muss sich bewusst machen, dass man viele Sachen immer wieder hin und her denken kann und damit nie ein Ende in Sicht sein wird. Aus diesem Grund sollte man Entspannungstechniken erlernen. Es heißt, dass jeder Hochsensible am Tag mindestens zehn Minuten Entspannung braucht. Somit beugt man einer Überarbeitung des Gehirns vor, man kann besser schlafen und ist tagsüber ausgeruhter und kraftvoller. Frau Kern hat mehrere Entspannungstechniken mit ihren Klienten ausprobiert und benennt Pendelatmung, Herzatmung, autogenes Training, Musekelrelaxation nach Jacobson, Bodyscan, Meditation und andere. Des Weiteren spricht sie die sogenannten *"Emotional Freedom Techniques"*, kurz EFT (deutsch: "Techniken der Emotionalen Freiheit") an (vgl. Kern 2015 b). Hier kann man gezielt Ängste und Stress reduzieren, indem man unangenehme Gefühle auflöst. Hierbei klopft man auf bestimmte Akupunkturpunkte und konzentriert sich zuerst auf das negative Gefühl, um später das positive Gefühl bewusster wahrzunehmen. Es normalisiert sich die Herzfrequenz und es verspricht aufgrund dieser Methode auch ohne Medikamente wieder glücklich zu sein. Jeder HSM muss selber für sich herausfinden, welche Technik ihn am besten entspannen lässt. Am meisten hilft für Frau Kern persönlich der sogenannte *"Open Focus"* (vgl. Kern 2015 b). Diese Methode stammt von dem Neurowissenschaftler Les Fehmi und ist besonders "gehirngerecht" und weltanschaulich ungebunden. Jeder Mensch sollte im normalen Zustand einen weiten Blickwinkel haben. Doch schon in der Schulzeit wird einem dies abtrainiert. Man muss sich konzentrieren, Bücher wälzen und diszipliniert an die Tafel schauen. Stellt man sich jedoch einmal vor, wie entspannend es ist, bei einem Spaziergang den Blick in die Ferne zu richten, weiß man ungefähr was diese Methode verspricht. In unzähligen Experimenten hat Les Fehmi untersucht, wie man das Gehirn nach Anspannung wieder in seinen "Alpha - Modus" bringen kann. "Man konzentriert sich auf den Raum zwischen sich und einem Gegenstand in der Außenwelt. Da der Raum schlichtweg nichts ist, heißt das, sich auf nichts zu konzentrieren. Dadurch bekommt das Gehirn eine Pause, unsere Aufmerksamkeit und unsere Wahrnehmung verändern sich" (Kern 2015 b).

Einen weiteren Gesichtspunkt den es laut Frau Kern zu beachten gilt, besagt, dass es nicht von Vorteil ist, sich Hilfe bei einem Psychologen zu suchen, denn die Hochsensibilität ist hier oftmals noch nicht bekannt und man kann keine eindeutige Diagnose stellen. Damit läuft der Klient Gefahr, "falsch" diagnostiziert zu werden und plötzlich unter starken Depressionen oder unter Angststörungen leidet und letztendlich nicht angemessen therapiert wird. Womöglich werden noch Antidepressiva verschrieben und die Symptome können sich noch mehr verstärken. In der Welt der Psychologen und Fachärzte denkt man folgendermaßen: "Empfindsamkeit wird als Syndrom bezeichnet oder man spricht davon, dass solche Menschen `aus dem Gleichgewicht´ geraten sind oder zeitweise `die Kontrolle verlieren´ oder `überreagieren´ oder `unfähig sind genau zu beobachten´, weil ihre Körpersignale sie mit `übermäßigem Dies´ und `abnormalem Das´ konfrontieren" (Aron 2015, S. 297). Im Gegensatz dazu findet Frau Dr. Kern die passenderen Worte: "Grundsätzlich sind Hochsensible emotional sehr beweglich. Sie können sich in kürzester Zeit komplett herunterwirtschaften, wenn sie falsch mit sich umgehen. Genauso schnell geht es ihnen aber auch wieder gut, wenn sie den Fahrstuhlknopf nach oben finden. So scheint es manchmal, als wäre jemand sehr depressiv, ist dann aber mit einigen einfachen Übungen plötzlich recht gut gelaunt. Wenn das der Fall ist, steckt Hochsensibilität dahinter und nicht Depression" (Anlage 3). Damit ist es eindeutig besser, sich an Professionelle zu wenden, die sich mit Hochsensibilität auskennen.

In dem Coaching durch Dr. Kern soll es gelingen, in drei Schritten seine Hochsensibilität anzunehmen und in der Gesellschaft agieren zu können, ohne sich zu verbiegen (vgl. Kern 2015). Man kann durch ihre Unterstützung erlernen, optimierte Bedingungen zu schaffen, indem man sich von Altlasten befreit und dennoch seine Einzigartigkeit wahrt. In dem Prozess der Zielerreichung geht es darum, dass HSM zu sich selbst finden und sich ihr Potenzial bewusst machen. Im ersten Schritt geht es um Aufklärung und den Alltag. Im zweiten Schritt werden akute, emotionale Belastungen bearbeitet und im dritten Schritt werden Techniken erlernt, um Träume zu verwirklichen. Es wird besprochen, wie man das Leben führen kann, dass man sich wünscht.

Geht man zum Anfang des Lebens zurück, weiß jeder sofort, was man benötigt um Überreizung und Unwohlsein entgegen zu wirken. Jedes Baby wird zum Schlafen hingelegt oder von der Mutter beruhigt und "gestillt", wenn es aufgrund von Überreizung schreit. Auch hochsensible Erwachsene müssen sich ausruhen, auf ihren Schlafbedarf achten und sich öfter entspannen als andere. Hier greift nicht das Motto: "Erst die Arbeit, dann das Vergnügen", sondern eher "Erst das Ruhen, dann die Arbeit". Dabei muss man seinen natürlichen Schlaf - Wach - Rhythmus akzeptieren. Also abends ins Bett gehen, wenn man müde ist und auf schwer verdauliche und "aufputschende" Lebensmittel verzichten. Ein kühles und gut gelüftetes Zimmer, in dem man Ruhe und Dunkelheit vorfindet, können helfen, vom Alltagsstress und der damit verbundenen Überreizung der HSP abzuschalten.

Was die Menschen immer wieder vergessen, ist, vor allem in den "dunkleren" Jahreszeiten, auf ausreichend Mineralstoffzufuhr, insbesondere Magnesium, zu achten. " [...] Ein niedriger Magnesiumspiegel führt zu einer gesteigerten Erregbarkeit des Nervensystems" (Skarics 2012, S. 83). Sich immer wieder Auszeiten gönnen, sei es durch oben erwähnte Techniken oder Progressive Muskelentspannung, Meditation und Gebet oder Spaziergänge in der Natur, sind oberstes Gebot für HSM. Nicht zu vergessen ist, welche Macht die Musik und Bewegung auf HSM hat. Durch sie kann man gezielt gute Laune und Entspannung erzeugen. Des Weiteren kann man in Situationen, in denen man überreizt ist, einfach aussteigen, indem man die Augen schließt, ruhig atmet, lächelt und die Körperhaltung entspannt. Die meisten Menschen, auch Normalsensible kennen einen Ort der Geborgenheit. Jeder Mensch besitzt Gegenstände, kennt liebe Mitmenschen oder Zufluchtsorte, mit denen man sich gern umgibt und wohl fühlt. Um die eigene Autonomie nicht zu verlieren, muss man üben, Grenzen zu setzen. Das kann heißen: Probleme und Personen, die einen nichts angehen, getrost und ohne schlechtes Gewissen hinten an zustellen. Es ist viel besser diese Kraft in Menschen zu stecken, die einem gut tun, wie der Partner, die Kinder oder enge Freunde.

Um eine schwierige Vergangenheit oder Gegenwart zu bearbeiten, gibt es laut Dr. Aron *vier Ansätze von Heilungsmethoden* (vgl. Aron 2015, S. 267):

1) Kognitiv - behavioristische Therapie

Hierbei sollen Symptome, wie Angst, Stress, sich ausgenutzt fühlen und andere abgewendet werden. Dabei greifen die Therapeuten oder Berater auf Entspannungstechniken oder "Biofeedback" zurück, welche auf der Grundlage des Denkens und Verhaltens basieren. Unter Biofeedback versteht man eine Methode, die Zustandsgrößen biologischer Vorgänge, wie zum Beispiel den Blutdruck mit technischen Hilfsmitteln beobachtbar macht. Die kognitiv- behavioristische Therapie ist am effektivsten für HSM, weil sie lernen, auf ihre Achtsamkeitssysteme zu hören (vgl. Aron 2015, S. 272).

2) Interpersonale Therapie

Mit einem Therapeuten wird gemeinsam an der persönlichen Geschichte und den Gefühlen gearbeitet. Dabei gibt es sehr viele Techniken, die jeder Therapeut auf seine Weise durchführt. Wichtig ist, dass man sich bei dem Therapeuten wohl, verstanden und gut aufgehoben fühlt. Die Therapeuten verstehen diese Theorie "[...] als Möglichkeit neue Verhaltensweisen auszuprobieren und noch andere als Ort für das Unterbewusste zu erforschen, bis Sie sich in größerer Harmonie damit befinden" (Aron 2015, S. 269). Als Nachteil wird gesehen, dass viele Therapeuten ewig reden, aber für den Betroffenen nur wenig Nutzen daraus hervor geht.

3) Physische Therapie

Hierbei spielt der Körper die Hauptrolle. "Was man dem Körper zufügt, verändert den Geist" (Aron 2015, S. 270). Ansätze, wie Massagen, Tanzen, Yoga, Akupressur, Homöopathie, Thai Chi und alle sportlichen Übungsprogramme sollen zu mehr Wohlbefinden beitragen. Dazu kann aber auch die Einnahme von Medikamenten zählen, die vom Arzt oder Psychotherapeuten verschrieben werden.

4) Spirituelle Ansätze

Diese Ansätze sollen dem Menschen Sicherheit vermitteln und betrachten nicht die materielle Seite des Daseins, sondern zeigen, dass es mehr als das Offensichtliche auf Erden gibt. Dies kann beruhigen, Wunden heilen und vermitteln, dass man in der gegenwärtigen Situation nicht gefangen ist, sondern es eine größere Ordnung gibt, wie zum Beispiel in Religionen. Auch hier ist es wichtig, sich vorher mit der Einstellung des Therapeuten vertraut zu machen, um zu sehen, ob deren Ansichten mit den eigenen stimmig sind.

HSM sprechen besonders gut auf sanfte Impulse an. Man trifft sie oft bei Heilpraktikern, Osteopathen oder ganzheitlich orientierten Ärzten an. Methoden wie Musiktherapie, Klopfmassage, Ayurveda und Homöopathie kurbeln die Selbstheilungskräfte an und helfen dem HSM zu entspannen. Um dies noch zu unterstützen, gibt es auch im Alltag Kleinigkeiten mit denen man Reizüberflutung verhindern kann. Das Gehirn von HSM benötigt immer mal wieder Auszeiten. Man kann bewusst den "Input" von Reizen begrenzen, zum Beispiel beim Autofahren das Radio ausschalten oder eine Schlafmaske oder Ohrenstöpsel benutzen. Bevor man sich alles "zu Herzen nimmt", kann man sich fragen, ob es in diesem Moment gerade wirklich um mich geht oder ob ich die Situation durch Gedanken wie, dem Folgenden umdeuten kann: "Der andere hat bloß einen schlechten Tag und er meint es nicht so!". Spürt man schon am Anfang einer Beziehung, dass der Kontakt mit dem Menschensehr kräfteraubend ist und man aufgrund seiner hohen Empathie scheinbar "ausgenutzt" wird, dann kann man sich freundlich, aber bestimmt von dieser Beziehung mit folgenden Worten verabschieden: "Ich kann dich sehr gut verstehen und weiß, dass es nicht leicht für dich ist. Ich helfe dir auch wenn du mich brauchst, aber im Moment kann ich das nicht ertragen." Und kommt man an stressigen Ereignissen doch nur schwer vorbei, kann man sich im Inneren einen unsichtbaren Panzer anlegen, an dem alle "negativen Energien" einfach abprallen.

Eine weitere Form, um in der leistungsorientierten Welt zu leben, kann darin bestehen, in verschiedene Rollen zu schlüpfen und eine "Persona" aufzusetzen (vgl. Aron 2015, S. 157). Der Begriff kommt aus dem Lateinischen und bedeutet "Maske". Ein HSM kann mithilfe dieser Maske in jede erdenkliche Rolle schlüpfen, die er gerade möchte oder braucht. Die "Persona" stellt eine gute Taktik dar, um nervliche Übererregung zu vermeiden. Man kann dabei seinen Mitmenschen einfach erzählen, dass man zu dem Zeitpunkt gerade aufgeregt ist. Daraus entsteht bei Mitmenschen kein Mitleid, sondern sie können den HSM damit besser einschätzen. Der Hochsensible kann damit Interesse im gegenüber wecken und gilt als starke Persönlichkeit, indem er über seine Gefühle spricht. Klar ist, dass jeder ein Minimum an gesellschaftlichen Erwartungen erfüllen muss, sei es die Fahrschulprüfung, das Abitur oder ein Studium. Hier kann der HSM seine "Trumpfkarte ausspielen" und vorbildliches Verhalten zeigen. Kein Mensch muss immer alles aussprechen, was er denkt. Man schlüpft in seine Rolle und passt sich für den Moment an. Dabei darf man seine Hochsensibilität nicht aus dem Auge verlieren und muss sich immer wieder Auszeiten gönnen und die "Persona" auch absetzen können und wollen. Manchmal kann eine Maske entlastend wirken. Gerade im Beruf des Sozialarbeiters kann man nicht immer hundert Prozent authentisch sein und sich als hochsensibel "outen". Die 37 - jährige Sarah, die wir in der Einleitung beschrieben haben, äußert sich zum Thema Beruf und "Persona" wie folgt: "Das mache ich eigentlich auch. Ein bisschen so wie Theater spielen, aber im Rahmen meiner Persönlichkeit [...] bei Bedarf [kann ich auch anders sein]. Das bin dann nicht `Ich´ privat, sondern draußen, wo ich Ziele erreichen will, Leute auf Distanz halten möchte, usw." (Skarics 2012, S. 53).

Jeder Sozialarbeiter hört im Laufe seines Studiums von Metakommunikation und aktivem Zuhören. Gerade für einen hochsensiblen SA ist es im Berufsalltag von unschätzbar großem Wert, die Beziehung zum Klienten mit einer Schutzschicht zu versiegeln, indem man darüber redet, wie man miteinander spricht und wie man sich im Allgemeinen fühlt (vgl. Aron 2015, S. 245). Hierbei wird die nervliche Anspannung, die im zwischenmenschlichen Kontext oft zu spüren ist, herab gesetzt und die Beteiligten des Gespräches erinnern sich daran, dass sie sich eigentlich gut um einander kümmern möchten und ein Ziel im Gespräch haben. Beim aktiven Zuhören gilt, den anderen ausreden zu lassen und das, was man verstanden hat, dem Gesprächspartner wieder zu geben und seine Gefühle zu spiegeln.

In Kapitel 5.1.1 wurden die Punkte Stress, Mobbing und Burnout angesprochen. Viele Hochsensible ziehen sich von der Welt stark zurück und isolieren sich, wenn sie davon betroffen sind. Was kann man nun tun um aus diesem Gefühlschaos wieder heraus zu finden?

Beim Mobbing empfiehlt Dr. Marianne Skarics, wenigstens zeitweise an Pausengesprächen teilzunehmen und den Mitmenschen das Gefühl zu vermitteln, etwas von sich preis zu geben. Des Weiteren ist es nicht nur in Hinsicht auf Prävention von Mobbing hilfreich, sich andere Menschen zu suchen, wie Kollegen oder Kommilitonen, die einem zur Seite stehen und die eventuell auch selbst hochsensibel sind und die Gefühle verstehen. Ist ein HSM bereits Mobbingopfer, gilt es auf Gegenwehr zu setzen. Unbedingt muss man sich Hilfe holen und die Konflikte mit Hilfe von Experten bearbeiten. Mittlerweile gibt es viele dafür spezialisierte Beratungsstellen. Tritt dieses Problem in der Firma auf, kann man sich auch den Betriebsrat und Vorgesetzte zur Hilfe holen.

Beim Burnout ist ein wichtiger Schritt getan, wenn man erkannt hat, davon betroffen zu sein. Um diesen Erschöpfungszustand zu bearbeiten, braucht es vor allem Zeit und Geduld. Ein HSM tut gut daran, das Burnout in seinem Umfeld zum Thema zu machen, da schon das Reden über die momentane Situation helfen kann. Bei starken körperlichen Symptomen ist die erste Anlaufstelle der Hausarzt oder Betriebsarzt. Nur muss auch hier ein HSM beachten, dass Medikamente allein nicht die Lösung sein können. Gerade im Beruf des SA muss man sich Wissen über die Ursachen und sein eigenes Verhalten bewusst machen. Die hochsensiblen SA müssen "[...] lernen, sich ihre Energie gut einzuteilen, was wichtig ist, da ihre Arbeit viel Einfühlungsvermögen verlangt, aber auch die Fähigkeit, sich zu distanzieren" (Skarics 2012, S. 90). Auch hier können die Ansätze von Elaine Aron und Barbara Kern, welche oben beschrieben sind, helfen. Essentiell zur Vorbeugung, sind wie schon mehrfach erwähnt, Stressabbau, Entspannung und das Achten der eigenen Grenzen. Somit ist es ratsam, dass ein hochsensibler SA, weniger als 40 Wochenstunden arbeitet und sein Leben stressärmer gestaltet.

Bei dem Weg in die Richtung eines selbstbestimmten Lebens, indem man die eigene Sensibilität als besonderes Geschenk zu schätzen weiß, in kleinen Schritten vorangeht und sich Etappenziele setzt, kann man daraus große Kraft schöpfen und diese auch sinnvoll nutzen.

6 Fazit

"Unsere Hochsensibilität ist wie ein Präzisionswerkzeug, das beeindruckend leistungsfähig ist in der Wahrnehmung und im kreativen Output. Doch leider ist es ein Werkzeug, für das wir keine Gebrauchsanweisung erhalten haben und das wir versuchen zu verstehen durch Versuch und Irrtum" (Georg Parlow).

In unserer Arbeit konnten wir viele wissenswerte Erkenntnisse sammeln. Es ist festzuhalten, dass für die gesamte Menschengattung und für das Individuum selbst das Persönlichkeitsmerkmal der Hochsensibilität äußerst nützlich ist. Nützlich für die Gesellschaft kann es jedoch erst werden, wenn das Individuum seine Hochsensibilität wertschätzt und sie in sein Leben integriert (vgl. Schorr 2014 a, S. 11). Außerdem konnte festgestellt werden, dass HSP viele Kompetenzen besitzen, die ein Chef durchaus nutzen kann. Auch unbezahlte Arbeiten oder ehrenamtliche Tätigkeiten sind für die Gesellschaft von großem Vorteil. Somit haben wir verdeutlicht, dass besonders die Soziale Arbeit enorm an Wert zunimmt, wenn sie HSP beschäftigt.

Selbstverständlich gibt es wie bei allem auch Kritiker, die sich negativ zu Elaine Arons Untersuchungen und zu dem Konstrukt der Hochsensibilität äußern. Wir haben uns diese Denkweisen angeschaut und uns bewusst dazu entschieden sie hier nicht weiter zu vertiefen, da wir nicht möchten, dass sehr sensible Menschen in unserer Gesellschaft als "verrückt", "unnormal" oder "krank" bezeichnet werden!

Wir möchten auch nochmals hervorheben, dass die meisten Normalsensiblen viele Dinge den Hochsensiblen verdanken, weil sie einen überdurchschnittlich großen Teil der Erfinder, Forscher, Wissenschaftler, Künstler und Programmierer ausmachen. "[...] Denn fast alle Denker, Philosophen sowie alle Religionsgründer [...] waren und sind Hochempfindliche [...]" (Parlow 2014, S.97).

Wenn diese Bachelorarbeit dazu beiträgt, dass hochsensible Menschen sich selbstbewusst zu ihrer hohen Sensibilität bekennen, diese für sich zu Nutze machen und sich zukünftig besser gegen Herausforderungen im Leben und am Arbeitsplatz schützen und vorbereiten können, dann hat sie ihr Anliegen erfüllt.

IV   Anlagen

Anlage 1: Eltern – Fragebogen

Aus: Marletta – Hart 2013, S. 228 f.

TEST

„Ist Ihr Kind hochsensibel?" –
Ein Eltern-Fragebogen

Bitte beantworten Sie jede Frage nach bestem Wissen und Gewissen. Überprüfen Sie, ob sie zutreffen, der Wahrheit entsprechen, einigermaßen wahrheitsgetreu oder während einer gewissen Zeit in der Vergangenheit der Wahrheit entsprachen. Fragen, die nicht ganz der Wahrheit entsprechen oder überhaupt nicht auf Ihr Kind zutreffen lassen Sie einfach weg.

Mein Kind:

- ☐ Erschrickt sich leicht
- ☐ Beklagt sich über kratzige Kleider, Nähte in den Socken oder Etiketten oder Kleber, welche die Haut berühren
- ☐ Freut sich normalerweise nicht über große Überraschungen
- ☐ Lernt schneller bei einer behutsamen Richtigstellung als bei einer strengen Bestrafung
- ☐ Erweckt den Anschein, als wenn sie meine Gedanken lesen könnte
- ☐ Benützt „große" Wörter und Ausdrücke für ihr/sein Alter
- ☐ Bemerkt die geringsten ungewöhnlichen Gerüche oder Düfte
- ☐ Hat einen klugen Sinn für Humor
- ☐ Scheint sehr intuitiv zu handeln
- ☐ Nach einem aufregenden Tag kann sie/er sehr schlecht einschlafen
- ☐ Mag keine großen Veränderungen

☐ Will Kleider wechseln sobald sie nass oder sandig sind
☐ Stellt viele Fragen
☐ Ist eine/ein Perfektionist/in
☐ Bemerkt den Kummer anderer Menschen sehr schnell
☐ Bevorzugt stilles Spielen
☐ Stellt tiefe, nachdenklich stimmende Fragen
☐ Ist sehr schmerzempfindlich
☐ Stört sich an lärmigen Plätzen
☐ Bemerkt Feinheiten (wenn etwas verändert wurde, wenn ein Mensch sich in seiner äußerlichen Erscheinung geändert hat)
☐ Überprüft ob alles sicher ist, bevor sie etwas unternimmt (hochklettern)
☐ Bringt die besten Leistungen, wenn keine Fremden anwesend sind
☐ Empfindet alles sehr tief

Anzahl Fragen wahrheitsgetreu beantwortet: ☐

Ergebnis:

Wenn Sie 13 oder mehr Fragen wahrheitsgemäß beantwortet haben und diese zutreffend sind, ist Ihr Kind wahrscheinlich hochsensibel. Aber kein psychologischer Test ist so genau, dass Sie die Behandlung Ihres Kindes allein und exklusiv darauf stützen sollten. Wenn nur eine oder zwei Antworten auf Ihr Kind zutreffen, diese aber absolut wahr sind, dann könnten Sie Ihr Kind ebenfalls als hochsensibel betrachten.

Quelle: Elaine N. Aron, Ph.D, *The Higly Sensitive Person* (New York Broadway Books, 1997)

Anlage 2: Gegenüberstellung HS – AD(H)S

Aus: Lüling und Lüling 2014, S. 28

Hochsensibel	AD(H)S
Oft in Gedanken versunken und darum nicht bei der Sache	Leicht ablenkbar, sprunghaft im Verhalten
Kann in ruhigem Umfeld lange und konzentriert arbeiten	Braucht viel Abwechslung, sucht sie notfalls
Kann Prioritäten setzen und Ablenkungen aushalten/widerstehen	Hat Probleme, Prioritäten zu setzen und einzuhalten
Kommt bei Ablenkung schnell wieder auf die ursprüngliche Tätigkeit zurück	Hat Probleme, von allein zur ursprünglichen Tätigkeit zurückzukehren („vergisst")
Kann die langfristigen Konsequenzen seines Handelns einschätzen und sich darauf einstellen	Hat Probleme, die langfristigen Konsequenzen seines Handelns zu überblicken und sich dauerhaft darauf einzustellen
Entscheidungsfindung meist zögerlich, nach langem Abwägen der Vor- und Nachteile	Probleme bei Entscheidungsfindung, gibt oft dem stärksten Impuls nach

Anlage 3: E – Mail von Dr. phil. Anne - Barbara Kern

Vom 02.11.2015

„Hallo Frau Pallaske,

es freut mich sehr, dass das Thema Hochsensibilität mehr und mehr an den Hochschulen ankommt, und bin natürlich gern bereit, dies zu unterstützen! Ich habe viele Klienten, die in der sozialen Arbeit tätig sind, und bin deshalb mit dieser Problematik recht vertraut. Wenn Sie dazu noch weitere Fragen haben, stehe ich Ihnen auch gern per Telefon oder Skype zur Verfügung.

Zu Ihren Fragen:

1. Wenn Menschen zu Ihnen kommen oder Sie ansprechen und noch nichts von Ihrem einzigartigen Persönlichkeitsmerkmal wissen: Wie haben Sie die Reaktionen erlebt, wenn ein Mensch in Erfahrung bringt hochsensibel zu sein?

Die meisten, die sich an mich wenden, wissen sie in der Regel schon, dass sie hochsensibel sind. Hin und wieder sind sie sich nicht sicher, dann gehe ich den

Test von Aron gemeinsam mit ihnen durch. Auf Fortbildungen oder auch einfach im Alltag passiert es jedoch immer wieder, dass ich gefragt werde, was ich beruflich mache. Und da kann ich dann die erste Reaktion unmittelbar erleben, wenn ich erkläre, was Hochsensibilität ist, und die Betroffenen sich plötzlich darin wiederfinden, ohne je zuvor davon gehört zu haben.

Die Reaktionen sind heftig und vielschichtig. Es trifft die Betroffenen in Mark und Gebein, weil sie ganz plötzlich eine Erklärung für das haben, was sie bisweilen schon ein Leben lang beschäftigt. Es erfolgt blitzartig eine komplette Neudeutung vieler Situationen, die bisher unklar waren.

Was für Sie noch interessant sein dürfte, ist, dass es einen Unterschied zwischen Männern und Frauen gibt. Grundsätzlich reagieren beide Geschlechter gleich, aber bei Männern gibt es einen Teil, der sich nach einem kurzen Aufblitzen wieder abwendet und doch nichts davon wissen möchte. Ich vermute, dass es für Männer schwieriger ist, sich zu einer solchen Eigenschaft zu bekennen. Mein Mann, der ebenfalls hochsensibel ist, meint, dass es in der männlichen Hierarchie einen strategischen Fehler bedeuten würde, sich zu einer hohen Sensibilität zu bekennen, da man sich dadurch angreifbar und verletzbar machen würde. Er selbst geht damit so um, dass er für sich darum weiß und entsprechend für sich sorgt, aber seine Hochsensibilität niemals nach außen hin zeigen würde.

2. Wie bewerten diese Menschen Ihr Leben neu und wie gehen Sie dann anders mit sich und vor allem Ihrem Alltag um?

Zunächst sind diese Menschen erst einmal total erleichtert, dass sie nicht spinnen, nicht psychisch krank oder abnormal sind. Das führt zu einer Neubewertung der eigenen Person. Danach folgt ein komplettes Reframing der gesamten Vergangenheit. Das ist ein Prozess, der einige Tage in Anspruch nimmt. Vieles, was zuvor unerklärlich und dadurch auch unverarbeitet war, macht plötzlich Sinn. Diese erste Phase der Erleichterung und der Neubewertung vergangener Erlebnisse, die nun besser verstanden und verarbeitet werden können, wird von jüngeren und Menschen mittleren Alters als sehr angenehm empfunden. Für Menschen, die schon älter sind (über 55), kann das aber auch schmerzhaft sein, weil sie plötzlich erkennen, wie sehr sie an ihrer eigenen Veranlagung vorbei gelebt haben, und wie vieles hätte anders laufen können, wenn sie das nur früher gewusst hätten. Ihnen fällt es dann schwer, nach vorne zu schauen.

Wenn dieser Prozess nach einigen Tagen abgeschlossen ist, macht sich i.d.R. Ratlosigkeit breit. Die meisten schaffen den Transfer zum eigenen Alltag nicht.

Es folgt nun eine Suchphase, in der sie dann beispielsweise auf meiner Seite landen. Mein gratis Onlinekurs bietet konkrete Strategien, wie man seinen Alltag besser gestalten kann, und zeigt auch Methoden, mit deren Hilfe man spezielle Probleme, die man als hochsensibler Mensch hat, auflösen kann (v.a. die ständig drohende Reizüberflutung, weil wir in einer Umgebung leben, die ein Stimulationsniveau aufweist, das nicht für uns, sondern für die Mehrheit der Menschen gemacht ist). Den meisten reicht dieser Kurs zur "Erstversorgung" aus. Ein Coaching nehmen dann die Menschen in Anspruch, die entweder mehr für sich tun möchten, oder deren Lage besonders schwierig ist, so dass sie eine intensivere Begleitung benötigen.

3. Mit welchen Probleme/Sorgen/Ängsten wenden sich hochsensible Menschen an Sie?

Das ist sehr verschieden. Bei mir landen hauptsächlich die Fälle, die es besonders schwer hatten. Auch die Schicksale sind sehr verschieden. Da ist der 40jährige, der nach einer Tumor-Operation arbeitsunfähig ist und sich ins Leben zurückkämpfen möchte. Es gibt viele Frauen, die Gewalterfahrungen gemacht haben, oder in extrem schwierigen Partnerschaften stecken. Außerdem gibt es viele Sozialarbeiterinnen und –arbeiter, die gegen den Burnout ankämpfen. Da diese meist über eine enorme Berufserfahrung verfügen, ist der Weg in die Selbstständigkeit oft eine gute Lösung, weil sie so ihre Preise und Arbeitsbedingungen selbst bestimmen können.

Prinzipiell gibt es zwei Sorten Klientinnen und Klienten:

Die Mehrheit versucht, so zu sein und zu leben wie die in Bezug auf Sensibilität normal Veranlagten. Damit überfordern sie sich aber chronisch und sind ständig in Gefahr, in den Burnout zu rutschen. Hier ist es wichtig, den Anpassungsdruck zu nehmen. Dann wird es den Menschen möglich, zu erkennen, dass sie doch Gestaltungsspielraum haben, und diesen auch zu nutzen. Das erfordert oft einigen Mut, doch dann lässt sich sehr wohl einiges bewegen, so dass diese Hochsensiblen am Ende eine viel bessere Lebensqualität haben.

Die zweite Sorte von Hochsensiblen, meiner Erfahrung nach der geringere Teil, will von der Welt da draußen gar nichts mehr wissen und hat sich komplett zurückgezogen. Doch auch diese Menschen sind nicht glücklich, weil sie ihre Ressourcen nicht einbringen können und ihnen ihr Leben deshalb sinnlos erscheint. Bei diesen ist es wichtig, dass sie die Enttäuschungen verarbeiten, die sie erlebt haben, und jeden Tag einen kleinen Schritt heraus aus der Komfortzone in Richtung Leben machen.

Ziel meiner Coachings ist es immer, ein ausbalanciertes Leben zu führen, das weder überangepasst in die Überforderung führt, noch zu einem Eremitendasein. Die meisten Hochsensiblen glauben nicht daran, dass das möglich ist. Sie denken, sie müssten entweder alles da draußen mitmachen oder ganz zu Hause bleiben. Dass es heutzutage viel mehr Möglichkeiten und Freiheiten gibt, sich ein Leben aufzubauen, das unserer hochsensiblen Veranlagung entspricht, ist den meisten nicht bewusst.

4. Haben Sie Strategien und Ratschläge wie man am besten mit seiner Hochsensibilität umgehen kann?

Genau das ist Thema meines Blogs. Mir ist aufgefallen, dass es im Netz relativ viel und qualitativ hochwertige Information darüber gibt, was Hochsensibilität ist. Doch die meisten bleiben in einer Art von Denken stecken, als wäre Hochsensibilität ein Makel. Davon zeugen auch Buchtitel wie "Wenn die Haut zu dünn ist..." oder "...zwischen Genialität und Zusammenbruch" oder "Wenn du zu viel fühlst"...

Grundsätzlich kann ich sagen, dass es wichtig ist, zu erkennen, dass wir nicht "zu viel" oder "zu wenig" von irgendetwas haben. Hochsensibilität ist eine Weise des Seins, die genauso ihre Berechtigung, ihre Vor- und Nachteile hat wie jede andere Weise des Seins auch. Viele Probleme, die wir haben, kommen ja überhaupt nur daher, dass wir als Minderheit in einer Welt leben, die für die Mehrheit gemacht ist.

Wichtig ist also, dass man sich keinesfalls an dem misst, wie andere leben und was andere leisten, sondern bei den eigenen Vor- und Nachteilen bleibt. Wenn wir unsere Vorteile und Gaben schätzen, können wir sie auf die richtige Weise zum Einsatz bringen. Und wenn wir unsere Schwächen kennen, können wir an dieser Stelle für uns sorgen und uns Bedingungen schaffen, notfalls auch erkämpfen, unter denen wir gut "funktionieren". Je mehr wir uns in die Welt und in die Gesellschaft einbringen, desto mehr können wir auch verändern und eine Welt schaffen, in der wir uns wohlfühlen. Wenn wir entweder überangepasst alles mitmachen oder uns ganz zurückziehen, wird daraus nichts.

5. Was gilt es zu beachten wenn man hochsensible Klienten berät? Welche Möglichkeiten zur Hilfe gibt es?

Zunächst einmal ist es so, dass viele hochsensible Klienten schon Erfahrungen mit Psychotherapie gemacht haben. Das Problem ist, dass sie bei Psychologen und Psychiatern durch das Diagnoseraster fallen. Hochsensibilität existiert dort noch nicht. Wenn also ein hochsensibler Mensch in Therapie geht, wird er dort entweder als depressiv diagnostiziert, weil das der Reizüberflutung am nächsten kommt, oder aber als zwanghaft.

Hochsensible Menschen haben genetisch bedingt einen erhöhten Gehirnstoffwechsel, so dass es ihnen schwer fällt, abzuschalten:

http://hochsensibelsein.de/hat-die-migraeneforschung-das-hochsensibilitaetsgen-gefunden/

Auch Elaine Aron schreibt über Gene, die den Hirnstoffwechsel beeinflussen, im Vorwort ihres Buches über Hochsensibilität und Partnerschaft:

http://www.amazon.de/Hochsensibilit%C3%A4t-Liebe-Empfindsamkeit-Partnerschaft-bereichern/dp/3868825576/ref=sr_1_2?ie=UTF8&qid=1446198384&sr=8-2&keywords=Hochsensibilit%C3%A4t+aron#reader_3868825576

Ich habe daraus den Begriff "Hirnrasen" entwickelt. Das ähnelt dem Phänomen "Zwangsgedanken" insofern, als sich die Hochsensiblen, die im Teufelskreis des Hirnrasens gefangen sind, ständig gezwungen sehen, etwas zu denken. Aber das, was sie denken, sind eben keine Zwangsgedanken. Mehr dazu hier:

http://hochsensibelsein.de/hochsensibles-hirnrasen/

Die therapeutischen Interventionen, die dann in Richtung Depression oder Zwang gehen, verfehlen ihre Wirkung natürlich vollständig. Ich hatte neulich einen Klienten, der wegen angeblicher Zwangsgedanken sogar schon in der Klinik war, natürlich ohne dass ihm das auch nur das Geringste gebracht hätte. Ich konnte ihn innerhalb von nur fünf Sitzungen davon befreien, weil ich wusste, dass das Hirnrasen ist und was dagegen zu tun ist.

Grundsätzlich sind Hochsensible emotional sehr beweglich. Sie können sich in kürzester Zeit komplett herunterwirtschaften, wenn sie falsch mit sich umgehen. Genauso schnell geht es ihnen aber auch wieder gut, wenn sie den Fahrstuhlknopf nach oben finden. So scheint es manchmal, als wäre jemand sehr depressiv, ist dann aber mit einigen einfachen Übungen plötzlich recht gut gelaunt. Wenn das der Fall ist, steckt Hochsensibilität dahinter und nicht Depression.

Ich arbeite in drei Schritten. Im ersten Schritt geht es um Alltagsoptimierung. Dort sehen wir, welche konkreten Sofortmaßnahmen eine Verbesserung bringen können, indem wir einen typischen Tag im Leben systematisch gemeinsam durchgehen.

Im zweiten Schritt geht es darum, Altlasten, die heute noch immer bedrücken, aufzulösen. Hochsensible leiden mehr unter unverarbeiteten Erlebnissen. An dieser Stelle arbeite ich mit EFT (Emotional Freedom Techniques) und NLP (Neurolinguistisches Programmieren):

http://hochsensibelsein.de/eft-emotionale-freiheit-fuer-hochsensible/

http://hochsensibelsein.de/die-landkarte-ist-nicht-das-gebiet/

Der Vorteil ist, dass diese Methoden bei Hochsensiblen viel besser anschlagen als bei in Bezug auf Sensibilität normal Veranlagten. Die belastenden Gefühle, die mit bestimmten Erinnerungen einhergehen, lassen sich damit sehr gut auflösen.

Im dritten Schritt ist nun der Weg frei, um sich auf die Ziele zu konzentrieren. Wir erarbeiten gemeinsam Ziele, die für denjenigen stimmig und wirklich motivierend sind. In einem wunderbaren EFT-Prozess finden wir unbewusste Widerstände, die der Verwirklichung im Weg stehen, und lösen diese noch auf. Dann vermittle ich Methoden, mit deren Hilfe man seine Ziele schneller und effektiver erreicht.

Ich hoffe, dass ich Ihnen mit diesen Informationen weiterhelfen konnte und wünsche Ihnen viel Erfolg! Wenn Sie noch Fragen haben, immer gern. :-)

Herzliche Grüße,

Anne-Barbara Kern"

www.hochsensibelsein.de

V   Literaturverzeichnis

Bücher

Aron, Elaine N. (2015): Sind Sie hochsensibel?. Wie Sie Ihre Empfindsamkeit erkennen, verstehen und nutzen. 10. Aufl. München: mvg.

Großmaß, Ruth (2009): Therapeutische Beziehungen – Distante Nähe. In: Lenz, Karl & Frank Nestmann (Hrsg.): Handbuch persönliche Beziehungen. Weinheim & München: Juventa

Hielscher, Volker u. a. (2013): Zwischen Kosten, Zeit und Anspruch. Das alltägliche Dilemma sozialer Dienstleistungsarbeit. Springer VS. Wiesbaden

Jung, Carl Gustav; Lorenz Jung (Hg.) (2001): Die Beziehungen zwischen dem Ich und dem Unbewußten. 10. Aufl. München: Deutscher Taschenbuch Verlag.

Lüling, Christa; Lüling, Dirk (2012): Lastentragen, die verkannte Gabe. Hochsensible Menschen als emotionale Lastenträger. Lüdenscheid: Asaph - Verlag.

Lüling, Christa; Lüling, Dirk (2014): Mit feinen Sensoren. Hochsensitive Kinder verstehen und ins Leben begleiten. Lüdenscheid: Asaph - Verlag.

Marletta-Hart, Susan (2013): Leben mit hochsensiblen Kindern. Bewusst unterstützen - einfühlsam erziehen. Bielefeld: Aurum Verlag.

Parlow, Georg (2014): Zart besaitet. Selbstverständnis, Selbstachtung und Selbsthilfe für hochsensible Menschen. 3. Aufl. Wien: Festland Verlag.

Pfeifer, Samuel (2012): Der sensible Mensch. Leben zwischen Begabung und Verletzlichkeit. Holzgerlingen: SCM-Verlag.

Ruthe, Reinhold (2015): Hochsensibel und trotzdem stark. Hilfen für Feinfühlige. Moers: Brendow Verlag.

Schorr, Brigitte; Schirrmacher, Thomas (Hg.) (2014 a): Hochsensibilität. Empfindsamkeit leben und verstehen. 5. Aufl. Holzgerlingen: SCM - Verlag.

Schorr, Brigitte (2014 b): Hochsensible Mütter. 3. Aufl. Holzgerlingen: SCM-Verlag.

Skarics, Marianne (2012): Sensibel kompetent. Zart besaitet und erfolgreich im Beruf. 2. Aufl. Wien: Festland Verlag.

Zeitschriften

Halfwassen, Kathrin (2015): Bin ich hochsensibel?. In: FÜR SIE. Zeit für mich. Heft 20, S. 78-81.

Nasitta, Melita, Westpfahl, Laura (2015): Leben mit Hochsensibilität. Herausforderung und Gabe. In: natur & heilen. Die Monatszeitschrift für gesundes Leben. Jahrgang 92, Heft 9, S. 33-39.

Reinhardt, Susie; Wolf, Alex (2015): Feinfühlig. In: Psychologie Heute. September 2015, S. 19-27.

Internet

Appel, Jennie (2015): Hochsensible Eltern.
http://jennie-appel.blogspot.de/2014/02/hochsensible-eltern.html, verfügbar am 04.12.2015

Arbeitsgemeinschaft für Kinder und Jugendhilfe (2011): Positionspapier der Arbeitsgemeinschaft für Kinder- und Jugendhilfe - AGJ.
http://www.agj.de/pdf/5/Fachkraeftemangel.pdf, verfügbar am 20.10.2015

Bertrams, Alex (2015): hochsensibel? Stand der Forschung. Hochsensibilität in der empirischen Psychologie.
http://www.hochsensibel.org/wissenschaftliches-netzwerk/stand-der-forschung.html, verfügbar am 19.11.2015

Bewusst Sein. Für Körper und Geist (2015): Hochsensiblen - Treffs Dresden.
http://www.bewusstsein-yz.de/hochsensiblen-treff/, verfügbar am 25.11.2015

Facebook (2015): Soziale Arbeit und Hochsensibilität. Gemeinschaft.
https://www.facebook.com/highsensitive.socialwork.de, verfügbar am 19.11.2015

Fischer, Iris (2015): Beratung bei Hochsensibilität. Hochsensibilität - Auswirkungen - Merkmale. Hochsensible Kinder.
http://www.sensible-seele.net/41375.html, verfügbar am 04.12.2015

Harke, Sylvia (2015 a): Hochsensibilität verstehen. Berühmte HSP`s.
http://www.hochsensibilitaet-seminare.de/hochsensibilit%C3%A4t-verstehen/ber%C3%BChmte-hsp-s/, verfügbar am 08.10.2015

Harke, Sylvia (2015 b): Hochsensible Männer. http://www.hochsensibilitaet-seminare.de/hochsensibilit%C3%A4t-verstehen/hochsensible-m%C3%A4nner/, verfügbar am 04.12.2015

Hausknecht, Bianca (2012): Balanceakt Nähe und Distanz - Eine Herausforderung in der Sozialen Arbeit. http://digibib.hs-nb.de/file/dbhsnb_derivate_0000001276/Masterarbeit-Hausknecht-2012.pdf, verfügbar am 22.10.2015

HSP - Kongress (2015): Kongress zum Thema Hochsensibilität. Facetten des (Er) Lebens. http://www.hsp-kongress.ch/, verfügbar am 26.11.2015

Informations- und Forschungsverbundes Hochsensibilität e.V. (IFHS) (2015): hochsensibel?. http://www.hochsensibel.org/, verfügbar am 19.11.2015

Kern, Anne - Barbara (2015 a): Hochsensibles Hirnrasen. http://hochsensibelsein.de/hochsensibles-hirnrasen/, verfügbar am 09.11.2015

Kern, Anne - Barbara (2015 b): EFT - Emotionale Freiheit für Hochsensible. http://hochsensibelsein.de/eft-emotionale-freiheit-fuer-hochsensible/, verfügbar am 09.11.2015

Kern, Anne - Barbara (2015): Entspannung und Selbstliebe: die Metta - Meditation. http://hochsensibelsein.de/entspannung-und-selbstliebe-die-metta-meditation/, verfügbar am 09.11.2015

Kern, Barbara (2015): Hochsensible - rettende Engel bis zur Erschöpfung?. http://hochsensibelsein.de/hochsensible-rettende-engel-bis-zur-erschoepfung/, verfügbar am 09.11.2015

Kern, Barbara (2015): Open Focus - Entspannung in der Erfahrung des Raumes. http://hochsensibelsein.de/open-focus-entspannung-in-der-erfahrung-des-raums/, verfügbar am 09.11.2015

Kickstarter (2015): Sensitive - The untold story. https://www.kickstarter.com/projects/1795131939/sensitive-the-untold-story/description, verfügbar am 19.11.2015

Neumann, Petra; Sittel, Monique (2015): Netmoms. Ist Dein Kind hochsensibel? http://www.netmoms.de/magazin/kinder/kinder-entwicklung/ist-dein-kind-hochsensi-

bel/?utm_source=facebook&utm_medium=social&utm_campaign=faceboo
k-focus-online&fbc=facebook-focus-online&ts=201506281247, verfügbar
am 04.12.2015

Pfeil, Mona Suzann (2015): HIGH SKILLS – Verschenkt die Wirtschaft die Potenziale hochsensibler und hochbegabter Menschen?.
http://www.monasuzannpfeil.de/highly-sensitive-business/high-skills/#der-
film/, verfügbar am 19.11.2015

Pilgerstorfer, Marcus (2014): Masterarbeit. Hochsensible Lernende im Kontext
von Schule und Studium. Qualitative Analyse von Erfahrungsberichten.
http://www.hochsensibel.org/dokumente/externe/Wissenschaft/Pilgerstorfe
r-M.A..pdf, verfügbar am 04.11.2015

Russau, Julia (2012): Mobbing - nicht nur bei der Post. Soziale Berufe sind
Spitzenreiter. http://www.anerkennung-sozial.de/2012/03/mobbing-nicht-
nur-bei-der-post-soziale-berufe-sind-spitzenreiter/, verfügbar am
20.10.2015

Simply feel it (2015): Fühl dich einfach wohl. 5 berühmte Hochsensible, die
dich inspirieren werden. http://simplyfeelit.de/5-beruehmte-hochsensible/,
verfügbar am 27.11.2015

Statistisches Bundesamt Deutschland (2015): Pressemitteilung Nr. 336/15 vom
11.09.2015. 2014: Jugendämter führten rund 124 000 Gefährdungsein-
schätzungen für Kinder durch.
https://www.destatis.de/DE/PresseService/Presse/Pressemitteilungen/2015/
09/PD15_336_225pdf.pdf?__blob=publicationFile, verfügbar am
20.10.2015

Strohmaier, Brenda (2015): ICON. Der Lifestyle der Welt."Hochsensibilität ist
keine Krankheit".
http://www.welt.de/icon/article137874821/Hochsensibilitaet-ist-keine-
Krankheit.html, verfügbar am 03.11.2015

Thivissen, Patricia (2015): Bild der Wissenschaft. Psychologie - Gesellschaft.
Zuviel Welt fürs Gehirn. http://www.wissenschaft.de/archiv/-
/journal_content/56/12054/809882/Zu-viel-Welt-f%C3%BCrs-Gehirn/,
verfügbar am 02.11.2015

Treffpunkt - Hochsensibilität (2015): Freundeskreis für hochsensible Menschen. http://www.xn--treffpunkt-hochsensibilitt-
4hc.de/portal.php?nxu=11590502nx46300, verfügbar am 19.11.2015

Trappmann Institut (2015): Die Expertenadresse für Hochsensitivität & Hochbegabung. Berühmte Hochsensible. http://www.trappmann-korr.de/wissenspool/ber%C3%BChmte-hochsensible/, verfügbar am 27.11.2015

Wischmann, Tewes (2010): Der Individuationprozeß in der analytischen Psychologie C.G. Jungs. http://www.dr-wischmann.privat.t-online.de/jung.htm, verfügbar am 30.09.2015

Zart besaitet. Verein zur Förderung hochsensibler Menschen (2015): Home. News für Hochsensible. http://www.zartbesaitet.net/die-ezeitung-fur-hochempfindliche-menschen/, verfügbar am 25.11.2015

Zinke, Achim (2012): Intensity. Das Mitgliedermagazin des Informations- und Forschungsverbundes Hochsensibilität e.V. Ausgabe 5 / November 2012. Das hochsensible Gen. http://www.hochsensibel.org/dokumente/Intensity/Intensity05.pdf, verfügbar am 16.11.2015

Zschornack, Yvonne (2012): Intensity. Das Mitgliedermagazin des Informations- und Forschungsverbundes Hochsensibilität e.V. Ausgabe 5 / November 2012. Die Anonymen Romantiker. Hochsensibilität in Film und Buch. http://www.hochsensibel.org/dokumente/Intensity/Intensity05.pdf, verfügbar am 14.10.2015

Handouts

Handout vom Frauenseminar "Hochsensitiv - Besonders normal?!" von Anja Schnake im Jugend- und Familienzentrum der Jugend mit einer Mission - Hainichen e.V. am 10.05.2014 in Hainichen

Handout vom Seminar zum Thema "Hochsensible Lastenträger" mit Christa und Dirk Lüling am 27.06.2015 in der Ev.-Mennonitischen Freikirche Dresden